주식으로 프라다를 입는 노하우

연애보다 짜릿한 주식투자

들어가는 말

주식으로 용돈 벌고 싶은 사람, 여기 여기 붙어라!

반 토막!

지난해 대한민국 주식시장을 이보다 더 잘 표현한 단어가 어디 있을까. 코스피 지수 2000 시대가 열렸다며 모두가 들떠 여기저기서 축하 샴페인을 터뜨리던 2007년 여름이 지나고 등락을 반복하던 코스피 지수는 지난 해 초여름, 더위에 엿가락 늘어지듯 하락 조짐을 보이더니 찬바람이 불어 닥치자 급기야는 1000선 아래까지 뚝 떨어졌다. 불과 1년여 만에 반(半)이라니! 마치 우리 동네 생선 가게 아저씨가 고등어를 반으로 뎅강 자르듯, 반 토막이 돼 버린 것이다.

하지만 속절없이 곤두박질치는 증시 그래프 앞에서 눈물을 훔치며 너도나도 반 토막 난 주식을 팔아 치울 무렵, 회심의 미소를 짓는 사람들이 있었으니 자, 이제부터 그 이야기를 해 보려고 한다.

지금으로부터 20여 년 전, 옆집 퀸카 여대생이 막 태어났을 무렵이다. 대한민국은 88서울올림픽과 함께 코스피 600선 돌파에 열광했다. 이후 코스피 지수가 1000이라는 경이적인 숫자를 넘어서자 우리는 선진국이네, 한강의 기적이 재현되고 있네, 노래를 불러댔다.

하지만 1997년 IMF 위기가 찾아오며 온 국민의 자부심이었던 코스피 지수는 가차 없이 추락에 추락을 거듭, 300선까지 떨어졌다.

모두가 위기라고 생각했던 그때, 이것은 위기가 아니라 또 다른 기회라고 믿었던 사람들이 있었다. 이들은 바닥까지 떨어진 주식을 헐값에 사들였고 언젠가 우리 경제가 회복하리라 확신했다. 그리고 10여 년 만에 무려 6배 이상의 성장을 일궈 냈다. 쉽게 말해 10년 전 주식에 1억을 투자한 투자자가 원금을 제외하고도 무려 5억 원의 수익을 남겼다는 말이다.

그리고 그들이 지금, 다시 한 번 주식시장에 뛰어들고 있다. 모두가 위기라고 생각했던 10여 년 전 그때를 생각하며 주가 폭락으로 남들이 울며 겨자 먹기로 주식을 팔아 치우는 지금이 다시 찾아온 기회라고 믿으며 맹렬히, 하지만 아주 신중하게 주식을 매수하기 시작한 것이다.

매일 아침 눈뜨면 새로운 과학 기술이 쏟아져 나오는 이 시대에 경제란 발전하는 게 당연하다. 즉 장기적 안목에서 주식시장 또한 성장해 나갈 것은 자명한데, 문제는 단기적으로 닥치는 위기 앞에서 누가 흔들림 없이 신중한 투자를 계속하는가에 달려 있다.

물론 증시는 하루하루 등락을 되풀이하고 때로는 자연재해와 뜻밖의 사고들로 폭락을 한다. 혹은 이번 경우와 같이 세계의 경제 흐름에 따라 달라지기도 한다.

따라서 주식을 단기전으로 보고 덤비는 것은 위험천만하다. 하지만 세계의 경제 흐름에 촉각을 곤두세우고 차근차근 공부하며 주식시장에 접근한다면 이것만큼 안전하고 확실한 투자처도 없을 것이다.

비록 상당 기간의 침체기를 겪기도 했지만 2009년 봄, 주식시장은 회복세를 보이고 있다. 코스피 지수도 다시금 상승 곡선을 그리며 1400선을 회복했다. 물론 이대로 꾸준히 상승할지 혹은 등락을 반복할지 아무도 알 수는 없지만, 분명한 것은 결국 우리 경제가 성장함에 따라 주가도 상승할 것이라는 점이다.

물론 주식시장이 결국에는 성장할 것이라는 확신 하나만을 내세워 당장 주식을 사들이라는 이야기는 아니다. 다만 모두에게 똑같이 주어진 기회인데도 주식이라면 골치 아프다, 어렵다며 당신만 손을 놓고 앉아 있다면 그건 좀 억울하지 않을까?

다른 이야기를 하나 해볼까 한다.

학창 시절 미팅을 나가면 나한테는 감히 명함도 못 내밀었을 봉순이가 어느 날, 외제차를 몰고 나타났다. 명품으로 도배한 듯 품위 있어 보이는 자태와 얼굴에도 대대적인 공사를 했는지 그야말로 귀부인 티가 줄줄 난다. 대학을 졸업하고 나와 엇비슷한 회사에 취직했고 월급도 고만고만하다고 알고 있는데 그 비결이 주식이었다면 당신은 어떻게 할 것인가.

'주식으로 대박 났는지 완전히 팔자가 폈더라, 옛날에는 얼마나 형편없었는데……' 하며 봉순이 헐뜯기에 혈안이 된다면 당신은 부자가 될 가망성이 없다. 하지만 '그래, 봉순이도 주식으로 성공했다는데 나라고 못할 것 없지! 우리 한 번 경쟁해 보자'라는 생각이 든다면 당신은 벌써 성공의 길로 접어든 거다.

노름은 말리고 주식은 사랬다. 누가 그런 말을 했냐고 따져 묻는다면 그냥 우리 아랫집 아줌마 정도로 해두자. 사실 출처는 없다. 어쨌든 나는 우리 아랫집 아줌마의 말씀에 100% 공감하며 당신에게 주식 투자를 권유하고 싶다.

지금 당장에 내가 산 주식이 100원 떨어졌다고 통곡할 필요는 없다. 주식 그래프는 상하 뜀뛰기를 계속 반복하면서 차츰 우상향 곡선을 그리는 것이 일반적이다. 경제가 성장하듯 코스피가 성장하고 당신의 주식도 성장하게 마련이니까.

그렇다고 경제가 성장하니까 두 손 놓고 앉아 주식이 낳는 황금알만 쏙쏙 까먹자는 뜻은 절대 아니다. 뭐든지 노력 없이 대가는 기대할 수 없고, 주식도 마찬가지다.

욕심을 부려 큰돈으로 대박을 터뜨리기를 기다리기보다는, 적은 종자돈으로 안전하게 포도알처럼 송알송알 맺혀 가는 수익을 얻고 싶다면 망설이지 말고 책장을 넘겨라.

그래도 난 주식을 모르는데라고 생각한다면 당신이 바로 이 책의 주인공이다.

《연애보다 짜릿한 주식투자》의 주인공, 신명지는 주식에는 그야말로 일자무식인 여자다. 그녀가 오직 명품을 사기 위해 뛰어든 주식시장에서 좌충우돌 겪는 무용담을 통해 알기 쉬운 주식 이야기를 해보려고 한다.

딱딱한 주식 책, 열 권을 정독해도 통 모르는 주식 지침서는 가라. 이제 말랑말랑한 울트라 코믹 로맨스와 함께 돈이 되는 주식 이야기를 통해 재미와 정보라는 두 마리 토끼를 모두 잡아 보자.

  악마는 프라다를 입도록 내버려 두고 우리는 주식으로 프라다를 입어 보자. 어떤가? 당신이 이 책을 읽고 주식으로 프라다 원피스를 입게 된다면 우리에게 감사하지 마라. 그것은 순전히 당신의 용기와 노력 때문이니까!

정윤경·이효은

들어가는 말 주식으로 용돈 벌고 싶은 사람, 여기 여기 붙어라! **004**
프롤로그 주식 왕초보, 신명지! 구명조끼도 없이 주식판에 뛰어들다! **012**

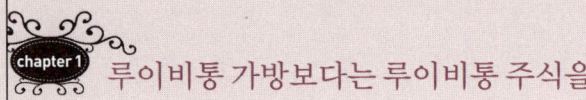

chapter 1 루이비통 가방보다는 루이비통 주식을

돈 벌려면 저축하지 마라 **018**
명품족으로 가는 문, 열쇠는 주식이었다 **024**
주식은 어디서 파나요? **032**
주식 입문의 ABC, 계좌 개설이 안 된다고요? **038**
300만 원은 푼돈 **043**
인터넷으로 주식을 살 수 있다고? **047**
주식판의 타짜되기 프로젝트 **052**

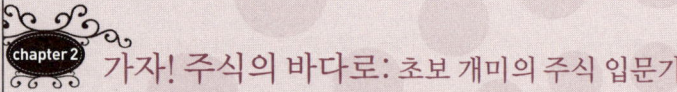

chapter 2 가자! 주식의 바다로: 초보 개미의 주식 입문기

계좌 개설할 때 따져 봐야 할 몇 가지 **062**
계좌 개설하기 **067**
올인하면 거지꼴을 못 면한다, 여윳돈으로 투자하라 **074**
소액주보다는 우량주를 공략하라 **079**
-5, +10의 매매 법칙을 지켜라 **090**

미친 듯 오르고 있어요 098
미친 듯 떨어지고 있어요 104
종목 선택은 이렇게 111
가계부를 들여다봐라 117
욕심 내지 말자, 과욕이 쪽박을 부른다 120
쓰레기통을 뒤져라 123
분산투자 2030 법칙 129
주식 통장을 내 마음대로 디자인하라 135
하루 10분 투자가 대박을 낚는다 142
차트와 친해지기 150
소문난 주식판에 먹을 것이 없다 157
매일 아침 외국의 주가 지수를 체크하라 161
외국인의 순매수를 눈여겨봐라 166
동호회를 섭렵하라 170

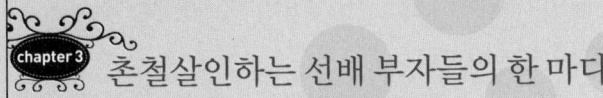

chapter 3 촌철살인하는 선배 부자들의 한 마디

배보다 큰 배꼽, 수수료를 조심하라 176
주식이 불안하면 금에 투자하라 190
드라이브를 하면 돈이 보인다 196
주식은 도박보다 위험하다 203
모든 것은 스스로 판단하라 211

에필로그 내 인생의 터닝포인트, 주식으로 돈과 사랑, 자신감을 얻다! 218

주식 왕초보, 신명지!
구명조끼도 없이
주식판에 뛰어들다!

서른하나, 나이는 숫자에 불과하다고 누군가 말했다면 나는 그 사람이 분명 20대였을 거라고 생각한다. 서른이 넘어가니 나이는 숫자, 그 이상의 의미를 갖는다.

첫 번째 케이스는 이렇다.

"몇 살이에요? 어머, 서른이 넘었으면 이제 결혼하셔야죠? 남자 친구는요?"

그리고 두 번째 케이스.

"몇 살이에요? 이야, 서른이 넘었으면 그동안 돈 많이 버셨겠네요? 얼마나 모았어요?"

그렇다. 서른이 넘은 여자의 모든 것은 결국 남자와 돈으로 귀결된다는 슬픈 공식!

그래서 나, 신명지는 그 공식을 깨기 위해서라기보다는 그냥 어쩌다 보니 남자 친구도 없고 모아둔 돈도 별로 없다.

사실 오늘날의 나를 솔로에 무일푼—까지는 아니지만—으로 만들어 놓은 주범은 바로 명품이다. 대학을 졸업하고 방송작가 생활을 하면서 처음 보고 배운 건 연예인들의 광채 나는 명품들이었다. 물론 그 대부분이 협찬이었다는 걸 나중에 알고 내 월급을 탈탈 털어 명품을 사 모은 걸 후회했지만, 발을 빼기에는 이미 그 세계의 달콤한 맛에 길들여져 있었다. 그래서 이런 나를 '된장녀'라고 하는 몰상식한 이들도 있다.

그리고 나를 더욱 더 비참하게 만든 것은 내 엑스보이프렌드다. 한때는 구찌 핸드백 어깨에 사뿐히 걸치고 돌체앤가바나 코트 자락 나풀거리며 페라가모 하이힐에 조심스레 올라타고 나서면 세상에서 내가 제일 예쁘다고 말하던 망할 놈. 밸런타인데이에 카드로 150년 전통의 버버리 체크 반지갑까지 선물했더니, 카드 연체로 눈물 흘리는 나를 비웃으며 "넌 경제관념이 너무 없어"라는 말과 함께 이별을 선언했다.

그렇다. 내 돈과 남자의 부재는 모두 명품 때문이다.

그럼에도 불구하고 나는 명품에 중독됐다. 그냥 좋다는 생각에 심취해 있을 그때, 어디서 많이 들어본 명대사가 들린다.

"어머나, 사모님. 그 옷 너무 잘 어울리세요. 호호호."

고개를 돌려 보니 럭셔리한 베이지색 원피스를 잘 차려입은 김남주가 TV 속에서 웃고 있다. 요즘 그녀는 인기 드라마 〈명품의 여왕〉에서 온갖 명품들을 다 걸치고 나오는 터라 모든 여자들의 부러움을 한 몸에 받고 있다. 그나저나 다른 건 다 모르겠고 일단 그 원피스가 너무 맘에 든다. 명품, 남자, 돈에 대한 잡념들이 한꺼번에 싹 사라지며 내 관심사는 오직 지금 내 눈 앞에 보이는 원피스뿐이다. 그래, 청담동으로 가자!

명품 거리를 걸어본 게 얼마 만이냐. 날씨도 화창한 토요일, 반짝반짝 물광 화장을 하고 포니테일로 묶은 머리에 로에베 선글라스를 살짝 걸쳐주는 센스. 그리고 랄프로렌의 미니스커트와 PK티셔츠를 입고 지미추의 3센티 샌들을 신는다. 거기다 구찌의 스포티한 백까지 어깨에 살짝 걸쳐주면 오늘은 스포티한 패리스 힐튼 스타일이다.

누가 봐도 마음먹고 쇼핑 나온 촌녀가 아닌 운동 끝나고 살짝 들른 강남 걸 같은 모습이다. 가방에 넣어 뒀던 선글라스를 끼고 구찌 매장에 당당히 들어서니, 아니나 다를까 눈에 확 들어오는 건 역시 김남주의 원피스였다.

직원의 도움을 받아 부리나케 원피스를 입고 거울 앞에 서서 눈을 살짝 내리깔자 김남주가 따로 없다.

'원피스야, 난 널 절대 벗지 않을 거야. 넌 이제 내 거니까.'

입 꼬리가 귀에 걸쳐질 듯 올라간다. 자꾸만 삐져나오는 웃음을 자제하며 지갑에서 골드카드를 꺼내고 멋지게 사인할 태세를 갖추는 데까지는 좋았다. 하지만 이 어인 운명의 장난이랴.

"손님, 한도 초과로 나옵니다. 다른 카드는 없으세요?"

이럴 수가! 벌써 한도 초과라니…….

비록 원고료가 늦게 나오는 바람에 한두 번 카드 값을 연체하긴 했지만 모두 지난 일이요. 이번 달에는 제대로 지름신이 강림한 적조차 없었는데 웬일이란 말인가.

이때 점원이 아주 친절한, 그래서 더더욱 민망함을 안겨주는 미소를 지으며 다음에 들러서 사도 된다고 나를 위로한다.

서른한 평생 이런 굴욕은 또 처음이다. 망신살이 부산까지 쭉 뻗친다.

부랴부랴 핸드폰으로 통장 잔고를 확인해 보니 잔고는 달랑 12만 원. 나도 어제까지는 당당한 서른한 살 골드미스 명품족 신명지였는데, 하룻밤 만에 서른이 넘은 늙은 된장녀로 전락하다니! 분해서 눈물이 핑 돈다.

꿈에 그리던 원피스를 눈물을 머금고 벗어주며 매장을 나오면서 나도 '투잡족'의 반열에 들고 싶다는 생각을 해보지만 쉽지는 않을 것 같다.

하지만 오늘 밤에는 명품 원피스를 손에 넣기 위한 특별 대책을 강구해야겠다. 하지만 무슨 수로? 밤은 깊어가도 방법을 찾지 못하리란 건 뻔한 일이다.

Chapter 1

루이비통 가방보다는 루이비통 주식을

Chapter 1
돈 벌려면 저축하지 마라

이쯤 되면 나, 신명지에 대해 오해하는 사람들도 분명 있을 것이다. 하지만 나는 누가 뭐래도 가진 것은 쥐뿔도 없으면서 카드로 돌려막기나 하며 명품을 사들여 대는 시시한 된장녀들과는 차원이 다르다는 말씀!

굳이 증명을 하자면 나도 적금 하나쯤은 있다. 그것도 거금 1,000만 원이 예치돼 있을 뿐만 아니라, 6개월 동안 이율이 높다 하는 은행에 맡겨둔 대가로 무려 20만 원의 이자까지 벌어들인 경력도 있다. 그러니 나를 경제관념이 전혀 없는 그런 여자들과는 비교하지 말아주길 바란다.

솔직히 이 정도의 경제력을 갖춘 내가 구찌 원피스를 손에 넣기 위해서라면, 적금을 깨서 현금으로 당당히 구매하는 방법도 있었지만 적금을 깨지는 않았다. 이 점에서 나는 내 강한 의지력에 박수를 보내고 싶다.

7시 40분, 집을 나서니 싱그러운 아침 햇살에 기분이 좋다. 방송국까지는 지하철로 여섯 정거장 거리지만 오늘 같은 날에는 왠지 우아하게 택시를 타고 싶다. 좀 이른 시간이긴 하지만 그래도 우리 팀에 새로 들어온 정 피디가 딱 내 스타일이기 때문에 아침 8시부터 하루 종일 함께 회의를 한다고 해도 그렇게 나쁘지는 않을 것 같다.

택시에서 내린 시각은 정확히 7시 55분, 남은 5분 동안 뭘 할까 생각하다가 방송국 앞 편의점에 잠깐 들르기로 한다. 어쩌면 지금 이 순간이 나의 삶을 180도 바꾸어 놓을지도 모른다는 생각이 퍼뜩 들며 벅찬 기대와 희망으로 로또 판매대 앞에 선다. 그리고는 정신을 한 곳에 집중해 숫자를 조합한다. 제발 나도 로또 대박으로 인생 대역전 좀 해보자고!

핸드폰을 들여다보니 8시 10분이 지나고 있다. 아차, 지각이다.

막 문이 닫히는 엘리베이터를 온몸으로 막으며 가까스로 타고 보니 오, 마이 갓! 정 피디가 있는 게 아닌가. 그나저나 그도 지각을 한 모양이다. 역시 우린 천생연분이야.

띵 하는 소리와 함께 엘리베이터가 정지하고 3층에서 내리는데 정 피디는 내리지 않는다. 아무래도 오늘 회의에는 참석하지 않는가 보다. 아쉽지만 어쩔 수 없지.

어쨌든 부랴부랴 회의실에 들어서자 팀장의 일장연설이 시작되고 있다. 조심조심 빈자리로 기어 들어가는데 팀장의 따가운 시선이 뒤통수에 느껴진다.

슬며시 자리에 앉는 순간, 옆자리의 금나리가 찡긋 눈인사를 보낸다. 아니, 그런데 이게 웬걸! 지난 주말에 내가 찜한, 즉 김남주가 드라마에서 뽐내던 바로 그 럭셔리한 구찌 원피스를 입고 있는 것이 아닌가.

그렇잖아도 나리가 시답잖은 재테크—사실 그 정체를 알 수 없지만, 아마도 로또가 아닐까 짐작한다—로 재미를 톡톡히 보고 있다는 말에 배가 아팠는데 원피스까지 나리가 차지하다니. 누군가 그랬다, 삶은 불공평하다고!

회의 시작 20분이 지나자 오늘도 역시 팀장의 삼천포 스토리가 이제 막 출항을 준비하고 있다. 분명 시작은 다음 주 녹화 콘셉트였는데 어찌된 게 항상 그 끝은 삼천포다. 그나마도 이야기가 연예인 뒷담화로 빠지면 재미라도 있지, 이번에는 따분하기 짝이 없는 '재테크' 이야기를 한보따리 풀어놓는다.

월급쟁이로는 재벌이 될 수 없다는 지당한 말씀. 그래서 돈 버는 다른 묘안이 필요하다는 거다. 교양국의 한 피디는 부동산에 투자했다가 지금은 그 액수가 어마어마하다며 입맛을 다신다. 쳇, 하지만 부동산이라는 게 목돈이 있어야 땅을 사든 집을 사든 하지. 쥐꼬리─보다는 많다─만한 월급으로는 돈을 모을 여유도 없다.

그러더니 이번엔 주식에 투자했던 K 작가─별것도 아닌 걸 가지고 이니셜 남발이다─가 D철강에 투자해 1년 새 500만 원을 5,000만 원으로 자그마치 열 배나 늘렸다는 전설에 가까운 사례까지 들며, 현명한 신부감이라며 침이 마르고 닳도록 칭찬을 한다. 아니, 그런데 나리가 왜 얼굴을 붉히는 거지? 이거, 혹시 나리 얘길 하고 있는 거 아냐? 설마, 그럴 리가. 나는 얼토당토않은 망상을 떨쳐 버리려고 고개를 절레절레 흔든다.

팀장은 계속해서 주식 이야기를 침까지 튀겨 가며 강조하고 있다. 이건 무슨 콘셉트 회의가 아니라 재테크 수업이다.

그러더니 돈 벌려면 K 작가처럼 주식에 투자해야지, 저축해서는 절대 부자가 될 수 없다는 말을 한다. 이건 웬 자다가 봉창 두드리는 소리?

자고로 유치원 때부터 '땡그랑 한 푼, 땡그랑 두 푼, 벙어리저금통'에 저금을 해야 부자가 된다고 귀에 딱지가 앉도록 들어왔던 터인데 저축을 하지 말라니! 그것도 내 전 재산인 1,000만 원이 은행에 고이 모셔져 있는 이 시점에서 저런 말을 들으니 뭔가 슬쩍 불안해진다.

일반 자유입출금 통장의 이율은 고작 0.1~0.2%라 1년 동안

100만 원을 저금해 두어도 이자가 1,000원도 붙기 힘들다는 거다. 하지만 주식은 잘만 운용하면 1년 동안 100만 원이 200만 원도 되고 300만 원도 되니 이게 비교가 되냐는 논리다.

물론 잘못 운용하면 100만 원이 백지가 되기도 한다는 말은 문장의 끄트머리에다 살짝 붙이는가 싶더니, 어쨌든 주식과 저축은 하늘과 땅 차이요, 그러니 '돈 벌려면 절대 저축하지 마라'는 이야기를 강조하며 나리와 나를 번갈아 쳐다본다.

'쳇, 자기가 무슨 주식 브로커라도 되나?' 팀장의 재테크 강의가 이렇게 막을 내리며 오늘 회의도 끝났다.

"그나저나 내일부터 지각하는 사람들은 벌금 만 원씩 준비해야 할 거야. 특히 누구라고 말은 안 할게. 본인은 알 거야. 만 원 꼭 준비해!"

팀장의 말꼬리에 모든 피디, 작가들의 시선이 일제히 나에게 쏟아지는 걸 느꼈다. 그 순간 말도 안 되는 패션 센스를 뽐내는 최 피디의 한 마디, "명지 작가 목에 보라색 리본 좀 봐, 선물 포장지 같아."

거참 거슬리네. '니들이 내 하이패션을 이해하기나 하는 거야!' 소리쳐 주고 싶었지만 오늘만큼은 금나리의 명품 원피스에 주눅이 들어 아무 말도 할 수 없다.

어쨌든 아까 몇 번이나 강조한 팀장의 '돈 벌려면 저축하지 마라'는 비상식적인 말이 아무래도 소화되지 않고 귓가에 남아 있다. 그러고 보니 팀장이 말한 주식으로 돈을 벌었다는 'K 작가'가 아무래도 금나리가 아닐까 하는 생각이 자꾸 든다. K 작가라고 했을 때 나리가 얼굴을 붉힌 것도 수상하지만, 1년 새 재테크로 수천만 원을 모았다는 작가가 나리 말고 또 있다는 말은 못 들어본 것 같다.

나리의 소위, '얼렁뚱땅 재테크'—나는 그렇게 믿는다—는 물론 저축이 아닐 것이다. 팀장의 연설을 들어 보니 저축으로 그렇게 돈을 불리는 건 불가능하다는 결론에 다다른다. 게다가 나도 저축이라는 건 해봤지만 그렇게 한꺼번에 큰 이윤을 낳는다는 건 들어본 바 없다.

자세히 알지는 못하지만 막연히 로또일 거라고만 생각했었던 나리의 재테크! 갑자기 내가 모르는 다른 돈 버는 비법이 있는 게 아닌가 하는 마음에 불안해진다.

금나리라면 내가 모르는 뭔가를 알지도 모르겠다. 팀장이 말한 수수께끼 같은 저축하지 말고 돈 버는 방법이 있다면 그것이 무엇인지 알고 싶다.

하지만 금나리도 주식을 할까? 글쎄다. 주식이라면 적어도 셔츠에 넥타이를 목 끝까지 올려 맨 남자들이나 하는 게 아닐까?

어쨌든 돈 벌려면 저축하지 마라! 그러면 나는 이제부터 뭘 해야 하나?

Chapter 1
명품족으로 가는 문, 열쇠는 주식이었다

고개를 드니 구찌 원피스를 입은 금나리가 막 회의실을 빠져나가려는 참이다. 쳇, 어울리지도 않는 명품 원피스를 입다니, 부럽지 않아, 난 나중에 더 비싼 걸 살 테니까, 라고 생각하니 마음이 편해지기는커녕 심사가 더욱 뒤틀린다.

"나리야, 커피 한 잔 하지 않을래?"

회의실 문 앞에 선 나리에게 애써 웃는 얼굴로 말한다.

"좋지, 난 아메리카노!"

방송국 1층에 새로 입점한 테이크아웃 커피점에서 나리는 아메리카노를, 나는 카라멜 마끼아또 한 잔을 시킨다. 역시 내

입맛이 더 세련됐다. 계산을 하려는 순간, 나리는 이동통신사 마일리지 카드를 꺼내더니 15% 세일까지 받는다. 역시 있는 것들이 더 무섭다고 하더니. 그래도 덕분에 700원을 아꼈다.

"뭐? 주식이라고?"
"응, 나 주식 투자해."

엥, 나리가 지금 주식이라고 말했지? 나리의 재테크 노하우가 저축도, 로또도 아닌 주식이었다니! 그렇다면 팀장이 말한 K 작가의 정체가 금나리, 너 맞구나. 그런데 이 씁쓸함은 뭐지?

어쨌든 주식이라고 하면 매일같이 뉴스 끄트머리에 빨간 삼각형, 파란 역삼각형 그려가며 코스피인지 코스 요린지 뭔지가 바닥을 쳤네 하면서, 가깝게는 우리 집안 고모부를 패가망신시킨 바로 그것이 아니던가!

"명지야, 그렇게 놀랄 건 없어. 네가 무슨 생각하는지 알아. 보통 사람들은 주식 한다고 그러면 잘되서 졸부 행세를 하거나 아니면 쫄딱 망해서 길바닥에 나앉게 된다는 잘못된 편견을 가지고 있기 때문에 네가 그렇게 당황하는 것도 이해가 되고. 하지만 주식은 로또와는 달리 요행을 바라는 것도 아니고 재수가 없어서 돈을 잃게 되는 것도 아니거든."

"하지만 우리 고모는 고모부가 주식 때문에 퇴직금을 몽땅 날리셨다고 한탄하던걸."

"응, 그건 주식에 대한 이해가 부족했거나 아니면 너무 큰 욕심을 바라셨을지도 모르겠다. 주식으로 돈깨나 벌었다고 하면, 마치 손 안 대고 코 풀듯 500만 원을 아주 쉽게 5,000만 원으로 불렸다고 생각하겠지만 그게 꼭 생각하는 것 같지는 않아. 내가 지금부터 너한테 피가 되고 살이 되는 주식 이야기를 들려줄 테니 잘 들어. 다만 조건이 있어."

그럼 그렇지, 금나리가 나한테 공짜로 피와 살을 줄 리 만무하니까.

"우리 팀에 새로 온 정 피디, 알지? 내가 오래전부터 찜한 사람이니까 연결되도록 좀 도와줘."

〈슈렉〉의 '장화 신은 고양이'를 방불케 하는 촉촉한 눈빛으로 나를 바라보는 나리. 가식이라는 걸 알면서도 저 눈빛을 보고 어찌 거절하랴. 하물며 상대가 내 짝사랑 정 피디지만!

나리의 주식 특강은 무려 100분……은 아니고 10분 동안 이어졌다.

손절가는 뭐고 종목당 자산 대비가 몇 퍼센트라느니, 뭐 하여튼 골치 아픈 용어들을 수두룩 쏟아낸다. 고등학교 때부터 경제 과목이라면 죽어라 싫었고 우리 반 꼴등이랑 경제 용어에 대한 이해도가 비슷했던 나는 이런 단어들을 들으니 숨이 턱턱 막혀 왔다.

주식만큼은 내 분야가 아니라고 외치고 싶었지만 그래도

나리가 하는 걸 어렵다고 포기하는 것이야말로 자존심을 제대로 구기는 일이었기 때문에 그만둔다.

사실 나리와 나는 방송 바닥에 발을 딛게 된 시기만 같았지, 1년 전 가요 순위 프로그램에서 함께 일하기 전까지는 그저 얼굴만 알고 지내던 사이다.

하지만 선수는 선수를 알아보는 법! 서로의 옷이나 가방을 고르는 탁월한 감각에 감동한 우리는 어느새 친해졌고 동시에 최고의 라이벌이 되었다.

그리고 사실 지금껏 모은 1,000만 원도 돈깨나 모았다는 나리에게서 자극을 받아 내 평생 처음으로 저축한 돈이었던 거다. 어쩌면 이번에도 나리 덕분에 주식으로 돈 좀 만져 볼 기회를 잡을 수 있을지도 모르겠다. 그러고 보면 우리 둘은 정말 인연이 깊긴 깊은가 보다.

나리가 주식에 첫발을 내딛은 건 지금으로부터 4년 전, 코스피 지수가 1200포인트에 턱걸이를 했을 때라고 하니, 주식시장 호황으로 코스피 지수가 2000포인트를 돌파하기도 한 그간에 있었던 여러 번의 투자 기회로 모름지기 큰 수익을 남길 수 있었나 보다.

특히 2007년 초, 철값이 금값보다 높이 치솟고 있을 무렵 사들인 D철강의 4만 원짜리 주식 125주(총 투자액 500만 원)가 1년

2개월 만에 40만 원으로 고속 상승! 무려 5,000만 원이라는 경이로운 수익을 낳은 것이다. 물론 원금 제하고 세금 제하고 이것저것 제하더라도 4,000만 원이 훌쩍 넘는 순수익이니 그것 참 대단하다.

물론 이렇게 가파른 상승률을 보이는 경우는 매우 드물다고 한다. 그러니 더 대단한 거 아닌가!

"코스피가 오른다고 반드시 내 주식이 오른다는 보장은 없어. 다만 오를 확률이 높다는 거지. 주식시장이 호황이라면 그만큼 주식을 사는 사람이 많아질 테고 그러다보면 가격이 상승하는 건 당연하고, 따라서 내가 가지고 있던 주식도 시세가 높아질 수밖에 없는 거야."

어머, 저 잘난 척하는 표정하고는……. 아니꼬운 생각이 들었지만 나는 연신 고개를 끄덕일 수밖에.

"하지만 때로는 기업 안팎의 여러 요인으로 주식이 하락하는 경우도 있으니까, 어떤 주식을 살지에 대한 공부를 늘 해야 하는 거야. 그 해답은 경제 신문을 보면 알 수 있지."

경제 신문에 해답이 나온다고? 얼른 나리 손에 쥐어진 경제 신문을 낚아채서 펼쳐 보았다. 하지만 어디에도 주식 매매에 대한 해답은 보이지 않았다.

"바보야, 너 작가라는 애가 어쩜 비유도 모르니? 경제 신문에 해답이 있다는 말은, 가로세로 낱말 퀴즈처럼 'L제약 주식

100주를 사십시오'라고 나와 있다는 뜻이 아니거든! 다만 신문에서 경제 상황이나 어떤 기업의 뉴스 같은 걸 꾸준히 읽다 보면 주식 흐름을 전망할 수 있다는 거야. 알겠니?"

나리는 경제 신문을 넘기더니 선생님 같은 표정으로 '유류할증료 인상, 항공사 飛上'이란 기사의 타이틀을 가리켰다. 멀뚱히 나리의 손만 쳐다보고 있는 나에게 어떤 설명도 하지 않고—잘난 척하는 사람의 습성인 것 같다— 핸드폰을 꺼내 주식시세를 확인한다. 이야, 요즘 세상이 좋긴 좋구나, 핸드폰으로 실시간 주식시세까지 보다니.

"나 이틀 만에 주식으로 얼마나 벌었는지 알려 줄까? 후훗, 50만 원!"

"이, 이틀에 오, 오, 오십만 원이라고?!"

"너무 놀랄 것 없어. 난 이미 예상했던 결과인걸. 그게 바로 '유류할증료 인상, 항공사 飛上'이란 기사에 해답이 있는 거야."

때는 바야흐로 지금으로부터 6개월 전, 세계적으로 항공사들이 유류할증료를 인상하려는 움직임이 꿈틀대고 있던 시절이었단다. 물론 나는 해외여행을 꿈도 꾸지 못할 만큼 유류세가 인상되고서야 이 사실을 알았지만 경제 신문을 꾸준히 읽어 왔던 나리는 그때부터 오늘의 이 사태(유류할증료 인상)가 일어날 것을 예측했다고 한다.

"나처럼 경제 신문을 꾸준히 정독하다 보면 어떤 주식이 오르고 내릴 거라는 걸 예상할 수 있거든. 후훗."

쳇, 잘난 척은! 어쨌든 그로부터 6개월간 계속해서 항공사 주식을 눈여겨보았다는 나리는 이틀 전 D항공사 주식을 100주 사들였고, 아니나 다를까 그 주식이 겨우 이틀만인 오늘 5,000원 상승이라는 역사적인 기록을 남기며 나리에게 50만 원의 수익을 안겨 줬다는 얘기다. 오호라, 그것 참 재미가 쏠쏠한 걸.

나도 이러고 있을 수만은 없다. 빨리 주식이라는 녀석과 연애를 하고 싶다.

주식 초보자를 위한 TIP

주식

주식이란 주식회사에서 필요한 자본금을 마련하기 위해 여러 사람들에게 투자를 받고, 투자에 대한 권리를 보장한다는 의미로 투자자에게 발행하는 증서다. 여기서 투자자를 **주주**라고도 하는데 결국 주식은 투자한 회사에 대한 주주의 지위 또는 권리인 주주권을 의미하는 것이다.

회사에서 처음 주식을 발행할 때는 1주당 금액인 **액면가**를 정해야 하는데, 액면가는 100원, 200원, 500원, 1000원, 2500원, 5000원 중 하나로 정할 수 있다. 회사에서 발행한 주식의 액면가의 합계는 곧 회사 전체의 자본금이 되는 셈이다. 액면가로 발행된 주식은 주식시장에서 새로운 시장가격이 형성되는데, 시장가치에 따라 액면가를 상회할 수도 있고 하회할 수도 있다.

주주의 권리

주주는 회사 재산의 실질적인 주인으로서 다음과 같은 권리를 누릴 수 있다. 첫째, 회사의 경영 관련 주요 사항을 정하는 주주총회에서 각자 보유한 지분에 따라 의결권을 행사할 수 있다. 둘째, 회사 이익의 일정 몫을 지분에 따라 나누어 갖는 **배당금**을 받을 수 있다. 셋째, 주가가 낮을 때 사두었다가 오른 뒤에 팖으로써 **매매 차익금**을 얻을 수 있다.

Chapter 1
주식은 어디서 파나요?

눈을 뜨니 머리가 깨질 것 같다. 무슨 일이 있었지? 그렇다. 어제 녹화를 마치고 회식 자리에서 술을 진탕 마셨던 기억이 어렴풋이 난다. 나이 서른한 살에 아직도 이러고 산다.

오늘은 수요일이지만 녹화 다음 날은 쉬는 것이 방송가의 암묵적인 규칙이랄까?

어쨌든 오늘을 나, 신명지의 역사적인 주식 디데이로 삼기로 한다.

주식을 사러 가는 것도 일종의 '쇼핑'이니까 판매자에게 기죽지 않게 의상 선택이 중요할 것 같다. 나는 내 방에서 가장 큰 비중을 차지하는 옷장을 열고 무슨 옷을 선택할까 고심하던 끝에, 린제이 로한이 입어 더 유명해진 펜디 블랙 캉캉원피스에 샤넬 가방 그리고 페라가모 하이힐을 선택했다. 이 정도면 어디를 가도 무시당할 리가 없지.

외출 준비를 마치고 전신 거울 앞에서 내 모습을 비춰 보니 뿌듯하다.

가자, 주식 사러 고고씽!

오전 11시, 아직 숙취가 가시지 않은 나는 지하철역 근처에 있는 스타벅스에 들러 카페라테 톨 사이즈를 주문한다. 나만의 독특한 해장 커피랄까? 이번엔 나도 이동통신사 카드를 꺼내 할인받는다.

한 손으로 가방에 지갑을 넣으면서 또 다른 한 손으로 커피를 들고 커다란 유리문을 밀며 나오는데 마침 핸드폰까지 울린다. 제길, 누가 이럴 때 전화를 하는 거야?

가방 속 핸드폰을 꺼내 발신자 표시를 보니 앗, 정 피디다!

문득 어젯밤 술자리가 머리를 스치며 혹시라도 나리와의 약속을 깨고 정 피디에게 내 마음을 고백한 건 아닐까 두려워진다. 받지 말까? 그랬다가 혹시 일 문제면 어떡하나 싶어서 슬라이드를 올린다.

"명지 작가님, 목소리 괜찮으시네요?"

"아, 네, 정 피디님……. 저, 어제는 잘 들어가셨……죠?"

으윽, 어찌나 긴장이 되는지 식은땀이 다 났다. 아이스 카페라테를 주문하는 건데 아쉽다는 생각이 든다.

"하하하, 그럼요. 그나저나 주식은 잘 사셨는지 궁금해서 전화했습니다. 회식 자리에서 고기 대신 주식을 사달라고 계속 노래하셔서."

싱겁기는. 평소 같으면 '이 남자 나한테 관심 있나?' 했겠지만 이번엔 정말 쥐구멍이라도 있으면 숨고 싶었다.

"그렇지 않아도 지금 주식 사러 가는 길이에요."

나는 더 이상 망신당할 수 없다는 생각으로 당당하게 말했다.

"가까운 주식회사를 찾고 있는데 잘 안 보이네요, 호호."

"하하하하하하, 주식회사라고요? 하하하."

저러다 숨넘어가지 싶을 정도로 웃어대던 정 피디의 숨소리가 결국에는 끅끅거리며 불안해지기까지 했다. 어쨌든 내가 뭘 또 실수했나 싶어서 얼굴이 홍당무처럼 빨개졌다. 이럴 때 영상 통화가 아닌 게 천만다행이다.

"농담이시죠? 하하, 명지 작가님은 참 재밌는 분 같아요. 주식을 주식회사에서 산다는 발상을 하다니. 작가보다는 개그 쪽을 하시는 게 나을 뻔 했어요. 큭큭."

"호호호, 역시 제 개그를 이해하는 분은 정 피디님밖에 없네요."

임기응변으로 받아치긴 했지만 당혹스러웠다. 주식을 백화점에서 살 수 없는 이상, 당연히 주식회사에서 사야 하는 게 아닌가 했었는데 그럼 이제 어디로 가야 한단 말인가.

"여의도로 가는 거죠? 어차피 증권사들이 여의도에 다 몰려 있으니까 그게 편할 텐데요."

오호, 증권사! 그래, 맞아! 증권거래소의 커다란 전광판을 심각하게 올려다보며 팔자 사자 전화해대는 사람들의 모습을 뉴스로나마 본 기억이 난다. 그런데 그걸 왜 까맣게 잊고 있었을까.

"네, 그러려고요. 지금 여의도로 가는 길이에요."

태연한 척 대답하며 커피를 든 손을 흔들어 택시를 세운다.

"제가 지금 방송국에 나와 있거든요. 그럼 증권사 가기 전에 방송국으로 잠깐 들르겠어요? 전해줄 것도 있고."

어머, 어머, 웬일이니. 정 피디가 지금 나한테 따로 만나자는 거 맞지? 그것도 우리 팀 전체가 쉬는 날, 은밀하게 전화로 날 불러내다니!

그럼요! 열 번 아니, 백 번이라도 그러겠다는 대답이 목구멍까지 올라왔지만 인간 신명지, 의리에 살고 의리에 죽는 의리파란 말씀. 금나리를 배신하는 일은 웬만하면 할 수 없는 노릇이었다. 더군다나 그녀는 이제부터 나의 주식 스승이 아니던가. 나는 놀랍도록 냉철한 판단력과 강인한 인내력으로 그

유혹을 뿌리치기로 결심했다.

"어머, 어쩌죠? 지금 제가 점심 약속이 있어서 방송국에 들르기는 힘들 것 같네요. 그럼 내일 뵙죠."

전화를 끊고 나자 후련함보다는 아쉬움이 천 배쯤 더 컸지만 그래도 잘한 선택이다.

신명지, 넌 참 의리 있는 여자야. 스스로 위로해도 별로 기분이 나아지지 않았지만 이미 엎질러진 물이다. 택시를 타고 한강을 건너는데 햇빛에 반사된 강물 빛이 어찌나 눈부신지 내 마음도 모르고 찬란하게 빛나는 강물이 다 미울 지경이다.

그러는 사이 택시는 여의도 증권사가 즐비한 거리에 도착했다. 택시에서 내려 아스팔트 위에 발을 내딛는다. 페라가모 하이힐이 경쾌한 소음을 만든다.

일단 큰길에서 가장 가까운 증권사에 가기로 했다. 7년을 매일같이 여의도로 출근하면서도 양복 쫙 빼입은 증권맨들이 우글대는 증권사에 발을 딛기는 처음이라 괜히 의기소침하다.

남자들은 목 바로 아래까지 꽉 조여 맨 넥타이를 하고 여자들은 그레이나 블루 계열의 스커트 정장을 무슨 제복이라도 되는 양 입고 다니는 곳, 이곳에서 내 럭셔리한 의상은 단연 탁월했다. 하지만 뭐가 그리도 바쁜지 누구 하나 내게 관심을 가지는 이는 없는 듯했다. 나는 로비의 안내데스크로 향했다.
"저, 주식을 좀 사고 싶은데…… 여기서 살 수 있나요?"
"네, 고객님. 계좌는 가지고 계신가요?"
"저…… 은행 계좌는 있는데 그걸로 가능한가요?"
안내데스크의 여자는 여전히 미소를 띤 채로 친절하게도 "아니요"라고 대답한다.
"고객님, 주식 투자를 하려면 먼저 증권 계좌를 개설해야 하는데요. 원하신다면 바로 계좌 개설과 주식 투자 전반에 걸쳐 상담해 드릴 직원이 있습니다. 안내해 드릴까요?"
안내받은 곳으로 가니 상담 직원들이 앉아 있는 창구는 여느 은행과 마찬가지였지만 뒤편으로는 뉴스에서나 보았던 큰 전광판에 오르락내리락 부지런히 움직이고 있는 숫자들이 깜빡깜빡하고, 그 앞으로 붉은 의자에 많은 사람들이 앉아서 그 숫자들의 널뛰기를 지켜보고 있었다. 왠지 낯선 광경에 주눅이 들었지만 뭔가 바쁘게 돌아가는 그곳을 보고 있으려니 짜릿한 대박 예감이 팍팍 느껴졌다.
그래, 이거였어. 가자, 주식 타고 명품의 세계로!

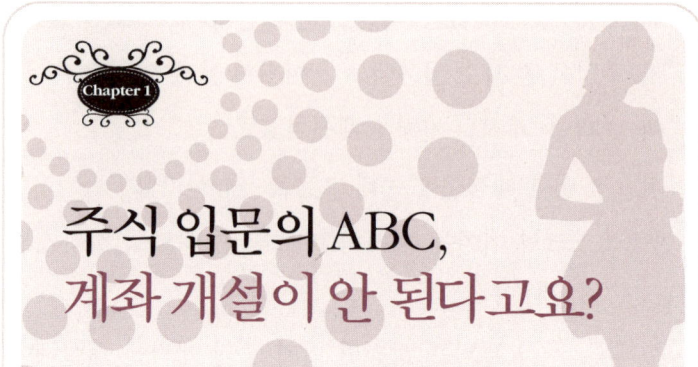

Chapter 1

주식 입문의 ABC, 계좌 개설이 안 된다고요?

        나는 차례를 기다려 블랙 정장에 핑크 타이를 매고 있는 남자에게로 다가갔다. 남자는 익숙하지만 친절한 말투로 앉으라고 권했다. 가까이서 남자의 얼굴을 보고 있노라니 초롱초롱한 눈빛과 오똑한 콧날이 영락없는 조인성은 아니지만, 얼핏 보면 살짝 조인성 필이 나는 바람에 주책없이도 심장이 쿵쾅거렸다.

  연예인들을 많이 보는 직업이기 때문에 친구들은 내가 눈이 많이 높아졌다고 생각하지만 사실 나와 너무도 동떨어지게 생긴 연예인들에게는 이성의 감정이 느껴지지 않는다. 그저 잘 생겼다, 멋지다, 라고 생각하는 게 전부다. 그저 지금처럼 특별할 건 없지만 느낌이 오는 남자들에게 시도 때도 없이 마음을 뺏기고 얼굴을 붉히는 나는 이 시대 최고의 순진녀라고 스스로 생각한다. 한참 이런 생각들을 하고 있자니 웃음이 났다.

"고객님, 기분 좋은 일 있으신가 봐요? 무엇을 도와드릴까요?"

남자가 먼저 가볍게 인사를 건넨다.

"주식을 사고 싶은데 증권 계좌를 먼저 개설하라고 해서요. 근데 그게 뭔지 잘 몰라서……."

"아, 네. 쉽게 설명해 드리자면, 은행에서 입출금을 하기 위해 은행 계좌가 필요하듯 주식을 사고팔기 위해서는 증권 계좌가 필요하겠죠? 그렇다고 은행 계좌처럼 통장이 있는 건 아니지만, 증권 계좌와 유기적으로 연계될 수 있는 가상 계좌를 만들기 위해 다른 통장 개설도 필요하고요. 일반은행에서도 증권 계좌 개설 업무를 대행하긴 하지만, 고객님처럼 직접 증권사를 방문하시는 편이 아무래도 분위기도 익히고 설명도 들을 수 있어 많은 분들이 이곳에서 증권 계좌를 개설한답니다."

헉, 뭐가 이렇게 복잡해! 눈을 굴리고 있자니 남자는 조인성 같은 미소를 짓는다.

"처음엔 복잡하게 들려도 해보면 어렵지 않다는 걸 아실 거예요. 먼저 계좌 개설을 도와드릴게요. 신분증과 도장은 가져

오셨죠?"

나는 당당히 샤넬 핸드백을 책상 위에 올리고 지갑을 꺼내 신분증을 찾는다. 아니, 그런데 이를 어쩌나, 신분증이 없는 거다. 이때 어렴풋이 떠오르는 장면 하나, 바로 어제 술에 취해 택시를 타려고 나왔을 때 누군가-대머리가 반짝였던 걸로 봐서 팀장이겠지만- 집 주소를 모르겠다며 내 지갑에서 신분증을 꺼내 주소를 확인했던 기억이 난다. 윽, 그럼 제자리에 잘 꽂아 둬야지, 이걸 또 어디다 둔 거야! 지금 전화해서 팀장에게 내 신분증 어디다 넣어 뒀느냐고 물어볼 수도 없고 이것 참 난감하다.

"저, 꼭 신분증이 있어야 하나요? 그냥 불러드리면 안 될까요? 저는 다른 건 몰라도 신분 하나는 또 확실하거든요. 이름은 신명지고 주민등록번호는 790530……."

"죄송합니다, 고객님. 고객님의 신분이 확실하다는 건 잘 알고 있지만 그래도 신분증이 없으면 계좌를 개설해 드릴 수 없게 돼 있습니다."

아니, 나는 그저 가벼운 마음으로 주식을 좀 사려고 했을 뿐인데 요구하는 것도 많고 해야 한다는 것도 많고 정말 되는 게 하나도 없네. 내가 의기소침한 표정으로 의자에서 일어날 생각을 하지 않자, 조인성을 딱 2%만 닮은 직원의 얼굴에는 난처한 기색이 역력했다.

미안한 마음에 자리에서 일어서려고 하자, 오히려 그가 미안해했다. 아무래도 얼굴은 2%지만 마음만은 98% 조인성을 닮은 것이 확실하다.

"힘들게 시간 내서 여기까지 나오셨을 텐데 정말 죄송합니다. 고객님, 비록 오늘 계좌 개설은 못하셨지만 원하신다면 미리 투자 상담을 받아 보시겠습니까?"

그래, 이왕 이렇게 된 거 투자 상담이나 받아 보자고 결심한 나는 자리에서 일어나 창구 한쪽에 마련된 칸막이로 둘러싸인 라운드 테이블로 옮겨 갔다.

자리를 안내한 뒤 그는 뒷줄에 앉은 시니컬하게 생긴 중년의 여자에게 귓속말로 뭔가 속삭였다. 잠시 후, 중년의 여자가 활짝 웃는 얼굴로 내게 다가온다.

조인성을 닮은 직원은 커피 두 잔을 타다가 내가 앉은 테이블에 가져다주고는 횡하니 다시 자리로 돌아갔다. 다시 보니 그는 2%가 아니라 딱 1%만 조인성을 닮았다.

주식 초보자를 위한 TIP

증권 계좌

　증권 계좌란 증권사에서 주식 매매를 하기 위한 위탁 매매 계좌를 말한다. 거래 계좌를 만들기 위해서는 은행에서 통장을 만들 때처럼 거래 도장과 신분증을 지참하고 증권사에 방문해야 한다. 매매 거래 계좌 설정 약정서를 쓰면 증권사에서 증권카드를 받게 되는데, 이것은 은행예금 입출금 카드처럼 증권사에 있는 자동인출기에서 현금을 인출할 때 쓸 수 있다. 하지만 증권카드로는 증권사에서만 현금 인출이 가능하고, 증권 계좌로는 증권 업무만 볼 수 있기 때문에 고객의 입장에서는 불편할 수 있다.

가상 계좌

　가상 계좌란 증권사가 고객의 편리성 증대를 위해 은행과 연계하여 보통예금 통장의 기능을 첨부한 것이다. 가상 계좌는 보통예금 통장의 일반적인 서비스를 제공하지만 일부 자동이체 서비스, 시간 외 거래 서비스가 되지 않는 경우가 있어 주의가 필요하다.

　최근에는 이 같은 문제점을 보완하기 위해 **통합 계좌**가 생겼는데, 이것은 말 그대로 계좌 하나로 주식, 카드, 예금 등 모든 금융 거래가 가능하게 만든 서비스다.

Chapter 1
300만 원은 푼돈

"그럼 지금부터 가상의 포트폴리오를 짜 보도록 할까요? 성함이……?"

"……신명지인데요."

마치 학창 시절, 교무주임 선생님께 불려간 학생처럼 조심스레 이름을 말하고 나니 좀 민망해서 커피를 홀짝거렸다.

"주식을 직접 투자해 보신 적은 없으신 것 같네요. 사실 직접 투자로 이익을 보는 사람들도 많지만 늘 그런 건 아니기 때문에 아주 신중해야 합니다. 당연히 알고 계시겠지만요."

사실 잘 몰랐지만 알고 있었던 것처럼 자연스레 고개를 끄덕였다.

"계좌를 개설하면 얼마나 투자를 하실 생각인가요?"

"1,000만 원이요!"

나는 내 적금 통장에 1,000만 원이 있다는 사실을 뿌듯해하며 대답했다.

"호호, 나이에 비해 여유 자금이 많으신 편이네요. 보통 20대 후반에서 30대 초반의 여성이 처음 주식을 시작할 때는 여유 자금이 그렇게 넉넉지 못하거든요."

여, 여유 자금이라니? 이건 내 전 재산이라고요!

"고객님도 아시겠지만 주식이라는 건 큰 수익을 기대할 수도 있지만 그만큼의 불안 요소도 따르게 마련이죠. 그렇다 보니 뭣도 모르고 전 재산을 투자했다가 땅을 치고 후회하는 분들도 많거든요. 그래서 저는 주식을 시작할 때는 반드시 여유 자금으로 하라는 말씀을 드리고 있죠."

주식 고수의 말씀을 가슴에 새기고 있자니, 내 전 재산을 걸기에는 위험부담이 너무 큰 것도 같다.

그렇다면 내 여유 자금은 얼마나 될까? 나리가 처음 시작할 때 100만 원으로 주식을 샀다고 했었다. 그렇다면 나는 나리보다는 많이, 하지만 전 재산의 절반인 500만 원보다는 적게, 그래서 결론은 300만 원! 그래, 영화 〈섹스앤더시티〉에서 캐리의 손 안에 빛나고 있던 6,300개의 스와로브스키 크리스털이 수놓인 티미 우즈의 에펠타워백 한정판을 샀다고 생각하

자. 그리고는 그 아름다운 가방을 증권 계좌라는 비밀 금고에 넣어둔 셈 치는 거다.

"저기요, 그냥 300만 원으로 시작할게요. 그래도 되죠?"

조금 자존심을 구기긴 했지만 그래도 합리적인 선택을 한 것 같아 한결 마음이 가벼워진다. 그리고 투자를 하고 나서도 급히 돈을 써야 할 때를 대비해 여윳돈이 있는 것이 좋을 듯하다. 이를테면 프라다에서 신상 블라우스를 구입한 다음 날, 페라가모에서 더 예쁜 블라우스가 출시된다든지, 혹은 크리스마스 세일이라고 시슬리 화장품과 버버리 숄더백을 구입하느라 월급을 다 썼는데 미처 사지 않았던 상품들이 연말을 맞아 폭탄 세일을 한다면 그때는 어떻게 한단 말인가! 정말 상상도 하기 싫은 일이다.

"어떤 선택이든 고객님이 하시는 거니까 물론 가능합니다. 다만 저희가 1,000만 원 미만의 고객 분들께는 1:1 투자 상담을 해드리고 있긴 하지만, 포트폴리오는 고객 분들이 직접 짜는 것을 원칙으로 하고 있습니다. 하지만 처음이시라 불안하실 테니, 제가 관련 자료들을 좀 드릴게요. 읽어 보시면 큰 도움이 될 겁니다. 그리고 언제든 어려움이 있으면 찾아오세요. 꼭 투자 상담이 아니더라도 때때로 조언은 해 드릴 수 있으니 편하게 생각하세요."

어라, 이게 뭐람? 1,000만 원 투자하겠다니까 호호거리더니 이제 와서 300만 원 투자자는 포트폴리오를 짜주지 않는다는 말이잖아! 남이 피땀 흘려 모은 300만 원을 푼돈으로 생각한다는 거야? 그래, 이제 보니 수천만 원에서 억대 자산 규모는 돼야 상담해줄 자격이 된다는 거지? 무시당하는 것 같아 슬쩍 마음이 상하기도 했지만 나 같은 소액 투자자들까지 일일이 상담하랴, 포트폴리오까지 작성하다가는 업무 진행이 안 될 것 같다는 속 넓은 생각도 들었다.

어쨌든 자존심 하나로 살아온 신명지의 인생 포트폴리오에 큰 오점과도 같은 이런 자격 미달이라는 딱지를 얻고 나니 한시라도 빨리 자리를 뜨고 싶어졌다. 나는 그녀가 건네는 한눈에도 그래프가 복잡하게 얽히고설킨 전단지들과 주식 투자 안내 소책자들을 주섬주섬 챙겨 자리에서 일어났다. 그녀는 사무적인 어투로 언제든지 힘이 돼 드리고 싶다는 말을 덧붙였다. 더 얄밉게도!

허탈한 마음으로 나오려니 1%도 채 안 되는 만큼만 조인성을 닮은 창구 직원이 지나가는 나에게 알은체를 한다.

"다음에 신분증 가지고 오시면 증권 계좌 개설해 드릴게요."

헉, 그의 눈치 없는 큰 목소리 때문에 몇몇 손님들이 나를 힐끔거려 뒤통수가 따끔했다. 내가 다시는 여기 오나 봐라! 나는 인사를 하는 둥 마는 둥하며 서둘러 증권사를 빠져나왔다.

Chapter 1
인터넷으로 주식을 살 수 있다고?

 밖으로 나온 나는 주식 투자를 위해서라기보다는 내 신분증이 팀장의 손에서 1분이라도 더 있는 것 자체가 찝찝하기에, 당장 팀장에게 전화를 걸었다.
 "명지 작가, 술은 다 깬 거야? 어제 정 피디 붙들고 주식은 어디서 사는 거냐고 그렇게 노래를 하더니만 주식은 샀어?"
 얼씨구, 팀장은 술자리에서 왜 남의 대화는 엿듣는 거야!
 "그렇지 않아도 그것 때문에 전화 드렸어요. 저, 증권 계좌를 개설하려고 하는데 제 신분증 팀장님이 가지고 계시죠?"
 "응? 이건 또 무슨 김밥 옆구리 양쪽으로 다 터지는 소리야? 또 술 먹었어?"

"아니, 팀장님이 어젯밤 저희 집 주소를 확인하느라……."

"내가 명지 작가 주소는 알아서 뭐하려고. 어차피 작가 이력서에 보면 다 나오는걸. 아무래도 나이 속이는 거 같아서 주민등록번호 확인 차 꺼냈다면 또 몰라도! 하하."

이건 또 무슨 황당한 시추에이션!

"어쨌든 어젯밤도 술에 취해 길거리에서 자려는 명지 작가 때문에 여럿 고생했지. 집에 데려다 주긴 해야겠는데 집 주소를 모른다기에 내가 신분증을 꺼내서 정 피디한테 넘겼어. 어제 술 취한 자네를 들쳐 업듯 데려다 준 게 정 피디잖아. 아마 정 피디 오늘 허리 파스 값만 몇만 원 들었을걸."

으악, 망했다! 지난 휴가에 불어난 살 2킬로가 아직 그대로인데 그런 나를 다른 사람도 아니고 정 피디가 들쳐 업었다니. 망신, 대 망신, 그야말로 참변이다. 그렇다면 아까 정 피디가 전화했던 이유도 어쩌면…… 윽!

얼렁뚱땅 서둘러 전화를 끊었다. 그러고 나서 심각한 고민에 빠졌다. 정 피디에게 전화를 할 것인가, 아니면 이대로 영원히 잠수를 타 버릴 것인가!

[정 피디님, 어디세요?^^;]

문자 메시지를 보냈다. 2분 후 답장이 왔다.

[방송국입니다.]

무드라곤 눈곱만큼도 없는 답장이었지만 왠지 깔끔한 정

피디의 성격을 대변하는 듯했다.

　　[저, 신분증을 좀 돌려받고 싶은데요. *^^*]

　　[방송국 근처에서 전화주세요.]

이거 참 난감하고 부끄럽다고 생각하는 찰나, 로비로 내려오는 정 피디가 보였다.

"오래 기다리셨어요? 뭘 좀 마무리 짓고 오느라고요."

"아, 네. 고맙습니다."

"뭐가요? 신분증 찾아준 거요? 아니면 어젯밤 명지 작가님 안전하게 댁까지 모셔다 드린 거요?"

홍당무 친척이라고 해도 믿을 만큼 빨개진 내 얼굴을 보고 정 피디는 씩 웃어 보였다. 슬프게도 나를 비웃는 그 미소에도 매력이 철철 넘쳐흐른다.

나는 그에게 고맙다는 뜻에서 저녁을 사기로 하고 방송국 근처 캘리포니아롤 전문점에 갔다. 작은 테이블을 두고 마주 보고 있자니 또다시 심장이 제멋대로 방망이질한다. 심장 뛰는 소리가 어찌나 크던지 정 피디가 듣지는 않았을까 걱정될 정도였다.

주문한 메뉴가 나오고 조심스레 롤을 입에 넣으려는데 웬걸! 센스 없는 주방장 아저씨의 빅 사이즈 롤의 압박에 입을 있는 대로 벌릴 수도 없고, 이것 참 굶을 수도 먹을 수도 없는 지경이 되었다. 한편 큰 롤을 한입에 넣고 우걱우걱 씹어대는 정 피디는 터프하게 먹는 모습마저 남자답고 좋아 보인다.

"그나저나 신분증이 없어서 오늘 계좌 개설은 못했겠네요?"

생각해 보니 증권사 가기 전에 잠시 보겠냐고 했던 것이 신분증 때문이었나 보다. 뭐 이제 와서 어쩌겠냐 하는 마음에 그렇다고 솔직히 말했다. 그리고 덧붙여 아까 증권사에서 있었던 일을 침까지 튀기며 열변하는 내 모습을 깨닫는 순간, 당황스러웠다. 윽, 나는 왜 결정적인 순간에 이런 실수를 하는 걸까?

"오늘은 이미 늦은 것 같고 다음에는 이 신분증을 꼭 들고 계좌 개설을 하러 다시 가야겠네요? 그리고 일단 계좌를 트고 나면 독학해서 인터넷으로 주식 매매를 하세요. 증권사에서 직접 주식을 사고팔면 수수료가 엄청 비싸거든요. 게다가 증권사에 갈 필요도 없으니 얼마나 편한데요."

겉으로는 냉정해 보여도 알고 보면 마음이 아주 따뜻한 이 남자! 어제 술 취한 노처녀를 업어다 준 것만 봐도 알 수 있다. 근데 방금 뭐라고 한 거지? 인터넷으로 하면 수수료가 싸다고?

"어머, 그럼 주식을 인터넷으로 하는 거예요? 인터넷 쇼핑처럼?"

"큭, 주식을 인터넷 쇼핑에 비교하는 건 좀 위험하지만 그래도 어쨌든 사고팔고 주문을 모두 인터넷으로 할 수 있어요. 물론 HTS를 활용할 줄 알아야 하지만 금세 익숙해질 테니 걱정은 안 해도 돼요."

"HT…… 뭐라고요? 몰라요, 몰라. 인터넷으로 하면 수수료는 낮을지 몰라도 저 같이 주식 용어 하나도 모르는 왕초보가 하기엔 너무 어렵다고요."

"하하, 어려울 것 하나 없어요. HTS는 집에서 주식을 사고 팔 수 있는 시스템을 말하는 거예요. 수수료도 낮고 컴퓨터만 있으면 어디에서든 주식거래를 할 수 있으니 무척 편리하죠. 그리고 앞으로 궁금한 게 있으면 주식 카페나 동호회에 가입해서 정보를 공유하고 선배들에게 노하우를 많이 배우세요. 나도 그렇게 시작했는걸요."

아, 정 피디도 주식을! 이런 인연이 있나. 정 피디가 가입한 동호회라면 주식이 아니라 내가 제일 싫어하는 등산 동호회라도 기꺼이 가입할 수 있다. 흐흐, 하지만 아무래도 나리가 맘에 걸린다.

"저, 그럼 나리도 주식을 하는데 동호회에 같이 가입해야겠어요."

"금나리 작가는 이미 우리 동호회 회원인걸요. 굉장히 높은 수익을 내는 걸로 동호회 내에서는 유명 인사예요."

아니 뭐야? 나리는 왜 이런 중요한 정보를 나에게 말하지 않은 거지? 어쨌든 나 신명지, 한다면 한다! 대학 입시 이후 다시 한 번 공부와의 전쟁을 선포하는 거야.

주.식.공.부!

Chapter 1

주식판의 타짜되기
프로젝트

　　　　　　보들보들 촉감이 좋은 빅토리아 시크릿 실크 잠옷으로 갈아입고 노트북을 켰다. 하루 빨리 정 피디가 가르쳐준 동호회 회원이 되고 싶다. 일단은 회원가입만 하고 닉네임을 '주식타짜'라고 썼더니 벌써 등록된 닉네임이라 사용할 수 없단다. 그래서 이번엔 '주식타짜300'이라고 써넣었다.

　　사용 가능한 닉네임이라고 한다. 가입 인사말에 '300만 원으로 시작해 주식의 타짜가 될 그날을 기대하시라'라고 썼다. 마치 벌써 주식을 마스터한 느낌이다. 하지만 이제 시작이다!

　　긴 하루였다. 녹화 다음 날 특유의 피로감과 숙취, 처음 가

본 증권사, 정 피디와의 데이트(?)까지……. 피로가 몰려오는 것도 당연하다.

 일단 침대에 올라가 아까 증권사에서 받은 주식 관련 소책자를 펼쳐 보았다. 어려운 그래프나 용어가 나오는 부분은 일단 통과! 소책자의 뒷부분에 10장 가량의 만화로 읽는 주식의 명심보감이 있었다. 그래, 오늘은 워밍업 단계니까 딱딱한 내용 말고 가장 기초가 되고 이해하기 쉬운 걸 읽도록 하자.

 만화의 주인공, '주식왕'은 이름만큼 넘치는 자신감으로 주식시장에 뛰어든 감각 제로, 판단력 제로, 인내력 제로의 직장인이다. Mr.주의 특기는 나름 발 빠른 정보 수집을 위해 안테나를 길게 꺼내고 이판저판 기웃거리다가 결국 뒷북치기 일쑤! 타이밍을 놓쳐 항상 손해를 본다. 또한 좋은 기회가 있는 판이라 해도 햄릿보다 더한 우유부단함으로 살까, 말까를 100번쯤 더 고민하다가 기회를 놓치고 땅을 치는 일도 많다. 그랬던 그가 딩동 증권사의 나미녀 대리의 조언으로 주식 정보의 홍수 속에서 알짜 정보만 건져내는 노하우와 조급증을 버리고 주식 자신감을 키우는 법, 그리고 장기 투자에 대한 주식맵을 그려 나간다.

 그런데 만화를 읽다 보니 어라, 이거 내 전공 분야와 무척 닮았다는 생각이 든다. 그것은 다름 아닌 연애의 법칙!

 나는 퍼뜩 드는 생각이 있어 다이어리를 펼쳤다. 며칠 전 대형 서점에 들렀다가 살짝 비싸긴 하지만 디자인이 무척 예뻐 망설일 것도 없이 구입했던 바로 그 다이어리다.

먼저 다이어리 표지에 〈신명지의 신명나는 투자일기〉라는 제목을 써넣는다. 그리고 왕년에 잘 나가는 연애 박사였던 나는 주식과 연애의 공통점을 찾아 정리하면서 주식도 연애와 별다를 게 없다는 사실에 자신감이 샘솟는 것을 느꼈다. '그래, 지금부터 자신감을 가지고 나만의 주식 투자기를 만들어 가는 거야!' 그러나 실제로 주식 투자를 하는 데 있어 지식도 없고 방법도 모르고 있다는 사실이 나를 압박한다. 하지만 이제 시작이다. 나도 주식의 바다에서 주식과 사랑에 푹 빠져 볼 테다.

통(通)하였느냐, 주식과 연애의 묘한 공통점

① 타이밍이 승패를 결정한다!

연애 소개팅한 남자를 내 남자 친구로 만들기 위해 가장 중요한 것이 바로 타이밍이다. 기다려라, 가장 적절한 때를 찾아라. 그가 당신에게 매력을 느끼기 시작하는 순간, 머뭇거리지 말고 어필하라.

주식 타이밍이 연애 젬병과 연애 박사를 결정짓는다면, 주식 박사의 제1원칙도 타이밍이다. 쌀 때 사고 비쌀 때 팔아라. 어제 1,000원이었던 A주가 오늘 800원이 되어 백화점 정기세일이라도 만난 듯 기뻐하며 A주를 샀다고 치자. 하지만 주식은 쇼핑과 달라서 오늘 800원이었던 주식이 내일이면 정가대로 1,000원으로 돌아가는 것이 아니다. 내일은 500원이 될 수도, 1,500원이 될 수도 있다. 그러므로 가장 적절한 타이밍을 알기 위해서는 경제 동향에 귀를 기울인 채 지켜보라. 주식시세가 하향에서 정점을 찍을 때, 혹은 A주의 주식시장이 쭉 맑음일 때, 그때가 바로 주식을 사야 할 적절한 타이밍이다. 이것은 주식을 팔 때도 마찬가지다.

② 용기 있는 자가 월척을 낚는다!

연애 못 오를 나무란 없다. 때로는 과감한 대시가 연애를 성공시킨다. 대학 때, 캠퍼스 커플로 유명한 장동건-나못난 커플이 있었다. 아무도 감히 접근할 수 없었던 장동건에게 나못난이 대시를 했고, 적극적인 여자가 이상형이었던 장동건과 커플이 되었다는 전설적인 일화가 있다.

주식 주식도 연애처럼 때론 과감한 결단이 필요하다. 즉 모든 주식의 미래에 100% 확신이란 없다. 다만 가능성이 크냐, 그렇지 않느냐의 차이다. IMF 때, 많은 사람들이 앞으로의 경제 전망은 어두울 거라며 백지가 된 주식을 팔았지만 그때, 대한민국의 가능성을 믿고 도전한 사람들은 어마어마한 수익을 올렸다. 그것은 용기 있는 자들에게만 주어지는 보상이다.

③ 참는 자에게 복이 있나니!

연애 연애를 유지하는 데 반드시 필요한 것이 인내심이다. 남자 친구와 사소한 말다툼이 있을 때마다 화를 참지 못하고 '우리 헤어져!'를 입버릇처럼 외치는 내 친구는 결국 운동장의 축구공처럼 뻥뻥 차이는 신세가 되었다. 연애의 고수는 대의를 위해 사소한 것들을 참을 줄 아는 사람이다.

주식 이는 주식도 마찬가지! 하루에도 몇 번씩 등락이 엇갈리는 혼란한 주식시장에서 그때마다 좌불안석, 사고팔기를 반복하는 사람이라면 결코 주식으로 성공할 수 없다. 주식이 조금 떨어졌다고 당장 팔아버린다든지, 약간의 수익에 헤벌쭉해져서 주식을 팔다가는 수수료만 물어야 할 거다. 맑은 날이 있으면 흐린 날도 있듯이 주식의 상승, 하락은 당연한 것. 사소한 등락에 일희일비할 것이 아니라 참을 인(忍)자 세 개를 그을 줄 알아야 쪽박을 면한다.

④ 자만하지 말지어다!

연애 소개팅에서 연애 고수와 연애 초보를 구분하는 법은 바로 자만심이다. 100% 연애 성공률을 자랑하는 고수는 결코 자만하는 법이 없다. 하지만 '내가 찍으면 다 넘어온다'며 거들먹거리는 사람이야말로 연애 초보자의 전형이다. (예전 내 남자 친구가 그랬다!)

주식 자만은 연애만 망치는 것이 아니라 주식도 망하게 한다. 주식에 갓 입문한 사람이 우연찮게 수익을 냈다면 이것은 실력이 아니라 운일 확률이 높다. 하지만 이 사람이 역시 나는 주식 감이 있어, 하고 자만한다면 안 봐도 비디오! 그 사람은 1년 내로 깡통을 차기 십상이다. 주식에는 타고난 고수란 없다. 끊임없이 초보자의 마음으로 연구하고 욕심을 버려야 진정한 고수가 될 수 있다.

⑤ 멀리 보는 혜안이 필요하다!

연애 연애를 하면서 한 달짜리, 일주일짜리 연인과의 만남만 반복한다면 그 연애는 튼튼할까? 내 친구는 단기 연애에는 전문가지만 결국 남은 것은 상처투성이에 노처녀라는 훈장뿐이다.

주식 주식도 단기 투자로 이익을 볼 수는 있다. 하지만 이는 개미 투자자들이 가장 쉽게 실수를 범하는 지름길이 되기도 한다. 주식이란 경제의 흐름과 떼려야 뗄 수 없는 상관관계를 가지고 있다. 이는 우리 경제가 속도의 차이는 있지만 결국은 발전할 수밖에 없듯, 주식도 멀리 내다보면 오르게 마련이라는 뜻이다. 물론 간혹 일주일짜리 연인처럼 짧게 투자하는 편이 나을 때도 있지만 보다 큰 청사진을 들여다본다면 장기 투자의 지혜가 필요하다.

Chapter 2

가자!
주식의 바다로
: 초보 개미의
주식 입문기

영화 〈섹스앤더시티〉의 캐리의 핫 아이템, 에펠타워백과 맞바꾼 내 주식 종자돈 300만 원!

'뭐 주식 그까짓 것 적당히 우량주가 떨어졌을 때 사서 오르면 팔고 돈만 챙기면 된다'고? 원리는 참 쉽다. 구멍가게에서 사탕 사는 것만큼.

이제 나도 주식 좀 하는 재테크의 달인이 되는 거다. 의기양양해 하며 어제 대형 서점에 가서 잔뜩 사온 주식 책을 폈는데 그 안에는 외계 언어들만 가득하다.

코스닥은 뭐고 코스피, 나스닥, 다우 지수…… 이건 무슨 말들인가?

그 용어들 참 낯설다. 샤넬, 프라다, 구찌, 에르메스, 루이비통이라면 눈에 확 띄고 머리에 쏙쏙 들어와 외우기 쉬울 것 같은데 이 외계 용어들은 하나같이 데면데면하다.

용어부터 머리 아픈 주식, 하지만 신명지에게 딱 걸린 이상 소프트하고 맛있게 요리해 주마!

주식 초보자를 위한 TIP

코스피와 코스닥

코스피(KOSPI, Korea Composite Stock Price Index)는 우리나라의 증권시장을 말하는 것으로 공식 명칭은 유가증권시장이다. **코스닥**(KSDAQ, Korea Securities Dealers Automated Quotation)은 우리나라 증권시장의 제2의 거래소로 주식의 장외 거래를 활성화시키기 위해 만든 우리나라의 장외 주식시장이다. 코스닥은 유가증권시장보다 비교적 상장 기준이 완화된 편이어서 중소기업이나 벤처기업이 많은 것이 특징이다. 또 유가증권시장에 비해 성장 잠재력이 높은 반면 투자위험도 큰 고수익·고위험 시장이라고 할 수 있다.

다우와 나스닥

미국에는 여러 개의 증권거래소가 있는데 그중 대표적인 것이 **뉴욕증권거래소**(NYSE, New York Stock Exchange)다. 우리나라에 코스닥이 있는 것처럼 미국에는 **나스닥**(NASDAQ, National Association of Securities Dealers Automated Quotation)이 있는데, 나스닥은 우리나라를 비롯한 세계 각국의 장외 주식시장의 모델이 되고 있다. 나스닥은 설립 초기 적자를 기록한 기업들에게도 개방되어 있었기 때문에 자금력이 부족한 벤처기업들이 선호하는 주식시장이 되었다. 코스닥과 마찬가지로 고수익·고위험 시장이라고 할 수 있다. **다우지수**라고도 하는 다우존스 공업평균지수는 미국 증권시장의 가장 대표적인 지수로 뉴욕 주식시장의 평균주가를 말한다.

Chapter 2
계좌 개설할 때 따져 봐야 할 몇 가지

　　　　　　　　주식에 있어 왕초보 중에도 대왕초보인 나. 일단 계좌부터 개설을 해야 한다.

　카드를 쓰고 카드 값을 자동이체하려면 은행에 계좌가 있어야 하듯이 내가 사고자 하는 주식을 사려면 주식 살 돈을 넣어 둘 계좌가 필요하다는 얘기다.

　그 정도는 나도 알고 있다. 난 이미 계좌를 개설하기 위해 증권사를 찾아간 화려한 이력도 있다는 말이다. 지난 번 갔던 곳과는 다른 데로 가야 한다. 두 번 말하기 싫지만 그때 300만 원에 내 자존심을 구긴 생각을 하면 지금도 얼굴이 화끈거린다. 점심시간을 이용해 한국의 월스트리트라는 여의도 증권거리를 돌아다니는데 뭔 놈의 증권사들이 이리 많은지…….

"응, 나리야."

수화기 너머로 까칠한 금나리의 단도직입적이고 짧은 말이 넘어온다.

"내 앞으로 퀵서비스 올 게 있으니까 대신 받아줘."

주식에 있어 내 스승이 된 이후, 까칠한 그녀는 마치 내가 자기 직속 후배 작가인 양 명령을 한다. 이것이, 경력은 같아도 나이는 나보다 한 살 어린 게! 화가 난다.

그래서 버럭 외친다.

"약속 있구나! 물론 내가 받아 줘야지."

이렇게 말하려고 한 건 아닌데 또 금나리의 명령을 고분고분 들어줘 버렸다. 늘 그랬듯이 이쯤 되면 바로 끊어 버릴 그녀가 웬일인지 한 마디 더 한다.

"근데 어디야?"

"나? 계좌 개설하러 증권사 가려고."

갑자기 수화기 너머로 까칠한 금나리의 조소 섞인 웃음이 들려온다.

"명지야, 너 가게에 사탕 사러 가? 증권사 좀 알아봤어? 아무 데나 가서 주식 사러 왔어요. 이럴 거야?"

아무리 내가 까칠녀라 부르지만 사람을 너무 까칠한 시각으로 보는 그녀. 무시를 해도 유분수지.

"왜? 그러면 안 되나?"

"역시 명지 너는 코미디를 했어야 돼. 하여튼 이따 봐."

금나리는 사람을 순식간에 코미디언으로 만든다. 난 원래 웃기는 데는 소질이 없다고! 그런데 뭐가 웃긴다는 거지?

그래도 스승 가라사대, 일단 증권사에 가기 전에는 뭔가 좀 알아봐야 한단다. 머리 복잡한 일이지만 증권사 고르는 일도 공부를 좀 하고 와야겠다.

여의도 증권 거리여, 내 바로 돌아오리라. I'll be back!

증권사는 어떻게 골라야 하지? 책에는 매매 주문을 정확하고 신속하게 처리하는 증권사를 선택하란다. 그건 당연한 거 아닌가? 그런데 가보기도 전에 그런 것을 어떻게 아냔 말이다.

이름만 보고 혹은 TV 광고를 보고 선택할 가벼운 문제는 아닌 것 같다.

부실한 증권사는 영업 정지를 당한 경우도 있기 때문에 재무구조가 튼튼한 증권사를 선택해야 한다고 한다. 그런데 증권사의 재무구조가 튼튼한지 아닌지를 왕초보 투자자가 어떻게 안단 말인가? 아까 내가 찜하고 들어가려던 증권사처럼 건물의 높이를 보고 선택하란 말일까? 재무구조는 잘 모르겠지만 건물구조는 정말 튼튼해 보이긴 하더라.

그것도 방법이긴 하지만 아주 간단한 방법이 있었다.

바로 신문이나 뉴스, 또는 인터넷으로 그 증권사의 순자산이 얼마이며 영업 실적이 어떻게 되는지를 확인해 보는 방법이다. 요즘 같은 불황기에는 더더욱 재무구조가 튼튼한 증권사를 선택해야 한다.

또한 여의도에서 일하는 나 같은 사람들은 여의도에 있는 증권사를 찾는 것이 좋다고 한다. 그 말은 바로 생활 범위 안에 있어 언제든 이용 가능한 증권사가 좋다는 뜻이다.

내일은 점심시간에 꼭 증권사를 찾아가볼 테다. 아까 두 번째 봤던 고층 빌딩의 증권사 M. 거길 제일 먼저 가봐야지. 인터넷으로 M증권의 기업 정보를 찾아봤다.

포털사이트에서 증권사 이름만 치면 기업 정보는 물론 간단하지만 전문적인 분석도 함께 확인할 수 있으니 참 편한 세상이다.

M증권의 종합정보 / 시세 / 차트 / 뉴스·공시 / 투자의견 / 기업분석 / 외국인·기관의 순매매 거래량…….

외동딸의 남편감 고르듯이 요모조모 재보고 따져 본 후, 나는 나의 주식 파트너로 M증권사를 선택했다.

날 무시하던 까칠한 금나리, 내 선택이 틀리지 않았다는 걸 보여 주겠어! 그래, 난 구멍가게에서 사탕을 사듯 주식을 살 테야. 그리고 오늘부터 꼬박꼬박 신명지표 주식 일기를 채워 넣기로 했다.

이제부터 배우는 것들을 잘 정리해서 꼭 내 것으로 만들리라. 신명지의 신명나는 투자일기 제1장을 기록한다.

신명지의 신명나는 투자일기 1장

증권사 고를 때 따져 볼 몇 가지
- 내 활동 범위와 가까운 증권사
- HTS가 잘 되어 있는 증권사
- 수수료가 싼 증권사
- 재무구조와 영업 실적이 우수한 증권사

Chapter 2
계좌 개설하기

　　　　무식하면 용감하다. 용감하면 과감한 투자를 할 것이고, 자고로 나는 무식해서 주식 투자에 성공할 것이다. 얼핏 들으면 답답한 소리를 주문처럼 외우며 M증권사 건물 안으로 들어간다.

　객장 안을 가득 메운 사람들이 먼저 보인다. 그래, 나도 이 객장 안에서 숫자들이나 감상해 볼까? 사람 참 많네. 역시 탁월한 선택이었어. 사람이 많은 걸 보면 고객이 많아 장사가 잘 되는 회사임이 틀림없어.

　증권사를 둘러보는데 많은 직원들이 각자 고객을 상대로 상담에 열을 올리고 있다. 그중에 유난히 공부를 열심히 했을 법한 인상의 직원을 찜하고 그의 고객이 빠져나가는 순간 그에게 다가갔다. 이 남자, 명패 속의 이름 또한 걸작이다.

안미남. 정말 미남은 아니다. 부모님이 아들의 이름을 지으실 때 나중에 외모가 저렇게 되리라 계시를 받으신 건가? 참 센스 있으시네.

"주식을 사려고 하는데요, 계좌부터 만들어야 한다면서요?"

"처음이신가요? 주식을 매매하시려면 본인 명의의 계좌를 개설해야 합니다."

정말 주식 때문이 아니라면 이런 남자와는 한 마디 이상 말을 섞지 않았을 정도의 막막한 외모를 가진 직원은 나름 친절하게 설명해 준다.

"거래 도장과 신분증은 가지고 오셨죠?"

나는 도도하게 고개를 살짝 끄덕이는 것으로 대답을 대신했다.

그러자 이 남자가 내게 종이 한 장을 내밀었다.

"매매 거래 계좌 설정 약정서인데요, 작성하시고 제게 제출하시면 계좌가 생성됩니다."

남자에게 종이를 받아 들고 빈칸을 꼼꼼히 채워 나갔다. 학교 때 시험을 앞두고 공부는 하지 않은 채 막막하고 떨리는 마음으로 시험지를 받아 헛소리를 채워갈 때의 심정이 아마 지금과 비슷하지 않았나 싶다. 뭔가 새로운 것을, 그것도 남이 하니까 따라 하는 주식을 시작하는 내 마음이 딱 그렇다. 약정서를 작성하고 남자에게 내밀었다. 남자는 컴퓨터로 빠르게 등록한 뒤 신용카드 같은 카드를 한 장 주었다.

"뭐가요?"

"고객님 계좌의 증권카드고요. 통장은 별도로 없습니다. 여기에 투자 자금을 입금하시면 바로 주식을 주문할 수 있죠."

"그럼 이제 주식을 살 수 있는 건가요? 고맙습니다."

경솔하게도 다 끝났다고 벌떡 일어난 내 행동은 막막한 외모의 M증권사 안미남 씨에 의해 제지됐다.

"혹시 저희 제휴 은행 통장도 가지고 오셨나요? 증권사에 직접 방문하지 않고 은행을 통해 송금하려면 통장을 가져오시는 게 좋은데요."

뭐야, 간단히 끝난다며? 왜 통장까지 필요하다는 거지? 증권사의 제휴 은행 통장이 나에게는 없는데 말이지.

"통장이 꼭 있어야 하나요? 제가 이용하는 은행은 해당이 안 되는 것 같은데."

외모가 막막하게 생긴 안미남 씨는 가느다란 눈에 가식적으로 보이는 미소를 지으며 말한다.

"그럼 제가 좋은 방법을 알려 드릴게요. MMF 통장을 만드세요."

이건 또 무슨 소리? 갑자기 머리가 멍해진다. 뭔 통장?

MMF? 뭔 초콜릿 이름도 아니고, 경제관념 제로인 나에게 알파벳 세 글자가 태클을 건다. MMF. 멍한 표정을 짓고 있는데 막막한 외모의 남자는 생각보다 눈치가 빠른지 설명을 덧붙인다.

"MMF 계좌란 머니 마켓 펀드(Money Market Fund) 계좌의 약자인데요. 투자금을 그냥 계좌에 두시는 것보다 이율이 높으니까 당장 주식을 사지 않고 현금으로 계좌에 넣고 계실 때는 MMF 통장에 두었다가 이체하는 방법을 쓰시면 좋죠."

"이자율은 어떻게 차이가 나는데요?"

"일반 계좌는 연이율이 0.1~0.2%지만 MMF는 3~5%니까 엄청난 차이죠."

가만가만, 잠깐만! 생각 좀 해보자고.

1,000만 원을 예금하면 일반 계좌에서는 연간 만 원에서 2만 원의 이자가 붙지만, MMF는 30만 원에서 50만 원의 이자가 붙는다는 얘기군. 아! 이 전광석화처럼 빠른 두뇌 회전을 보라.

그렇구나. 이 남자 생긴 것보다는 쓸모 있는 말만 골라서 하는군.

"네, 만들게요."

"고객님 주식거래는 HTS를 이용하실 거죠?"

"에이치……?"

아! 그 정 피디가 얘기하던 홈 트레이딩 시스템인가 하는 걸 말하는가 보다.

당황하는 기색을 눈치 챈 안미남 씨는 그 작은 눈을 더 가늘게 뜨고 날 떠본다.

"집이나 회사에 컴퓨터는 있으시죠?"

에이치 뭔가는 모르지만 나도 매일 컴퓨터로 일하고 컴퓨터로 뉴스도 보고, 컴퓨터로 해외 직수입 명품까지 구입해 봤다. 사람을 대체 어떻게 보고.

"네, 있는데요."

무시를 당하고도 친절한 미소까지 지어주는 나는 참 착하다.

"온라인으로 주식을 사고팔 수 있는 시스템을 홈 트레이딩 시스템(Home Trading System), 즉 HTS라고 하는데요, 오늘 신청하시고 가면 됩니다. 고객님이 주식을 전화나 방문을 통해서 사셔도 좋지만 전문적으로 투자를 해보려면 수수료가 싼 HTS를 이용하시라고 권하고 싶네요. 저희 증권사 HTS가 쉽고 빠르기로 유명하거든요. 인터넷 쇼핑은 해보셨죠? 쉽게 말해 주식을 인터넷 쇼핑하는 거라고 생각하시면 됩니다."

그래, 진작 그렇게 쉽게 좀 얘기해줄 것이지.

"저희 증권사는 수수료가 저렴한 편이라서 고객님 같은 소액 투자자분들이 많이 이용하시거든요. 지금 HTS 이용 신청서를 작성하시면 ID와 비밀번호를 정해 드립니다. 그리고 집에 가셔서 저희 회사 홈페이지에 있는 HTS 프로그램을 다운받아 이용하시면 됩니다."

M증권사 직원 안미남 씨는 직접 자신의 컴퓨터로 HTS 화면을 띄워 보여 준다.

"이것이 HTS인데요, 거래하시기 전에 연구를 많이 하세요. HTS로 전문적인 단타 매매를 하시는 분들은 여러 개의 증권사 HTS를 함께 띄워 놓고 시세를 보기도 하는데 고객님은 초보시니까 일단 한 가지만으로 연구를 많이 해보세요. 기능을 확실히 마스터하신 후에 거래하셔야 합니다."

그래, HTS! 저 화면은 금나리가 회사에서 가끔 들여다보던 낯익은 화면이 아닌가. 내가 신상 명품에 눈을 반짝일 때 금나리는 바로 저 화면 앞에서 눈을 번뜩였지.

하하, 별거 아니군. 이름도 정직한 증권사 직원 안미남 씨의 설명에 따라 계좌도 개설하고 HTS 등록도 하고 나왔다.

여의도 증권사 거리 한복판에 선 나, 신명지. 이제 나도 주식 투자를 한다!

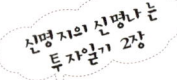

증권 계좌 개설할 때 필요한 준비물과 단계
- 계좌 개설에 필요한 준비물 3가지 : 신분증, 도장, 은행 예금통장
- 증권 계좌 만들기 → 은행 이체 신청 → MMF 통장 만들기 → HTS 신청

주식 초보자를 위한 TIP

HTS

HTS(Home Trading System)란 온라인으로 주식거래를 하기 위한 프로그램이다. 컴퓨터가 있는 곳이라면 어디든 장소에 구애받지 않고 주식거래를 할 수 있는데, 증권회사에 직접 가거나 전화로 주식을 주문하는 것보다 훨씬 수수료가 저렴하다. 우리나라를 포함한 전 세계의 주식시장 상황을 볼 수 있을 뿐만 아니라 각종 차트와 지수를 확인할 수 있다.

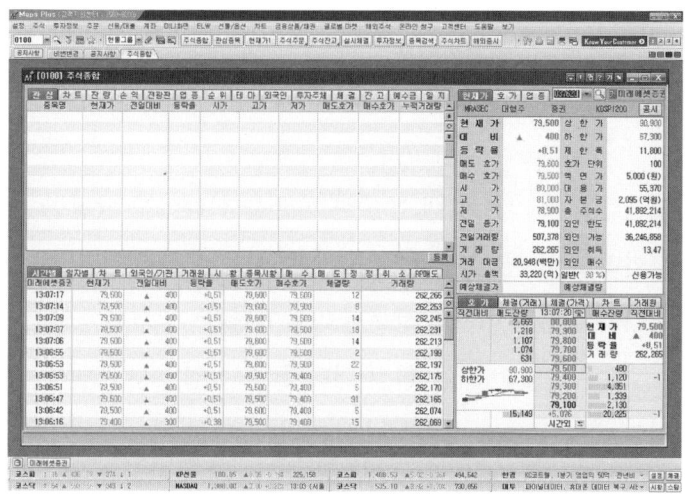
〈HTS 화면〉

MMF

MMF(Money Market Fund)란 투자신탁회사가 고객의 돈을 단기금융상품에 투자해 수익을 얻는 상품으로, 은행의 예금처럼 수시로 입출금이 가능하기 때문에 단기자금을 운용하는 소액 투자자에게 인기를 얻고 있다.

올인하면 거지꼴을 못 면한다, 여윳돈으로 투자하라

　　　　　　내 씁쓸한 혀끝을 휘감아줄 달달한 카페 모카라도 한 잔 사러 나가려고 일어서는데 우리 팀 완소남 정 피디가 촬영을 마치고 사무실로 들어왔다.

　　오늘은 카고바지에 회색 면티를 하나 입었을 뿐인데 남성적인 매력에 그만 아찔함이 느껴진다. 다른 때는 성격처럼 깔끔한 캐주얼 정장을 즐겨 입는 정 피디도 오늘은 빅뱅과의 촬영 때문에 편한 복장을 선택한 것 같다.

　　빅뱅 사이에 끼면 멤버 중 하나라고 해도 손색이 없을 정도다. 물론 지극히 개인적인 내 생각에서 말이다.

　　정 피디의 매력에 홀랑 빠진 내가 그의 책상에 얼음 가득한 아이스 모카 한 잔을 내려놓는다. 아무리 사무실에 식탐 많은 선배 작가와 오지랖이 9만 평인 팀장 외에 열댓 명이 있다지만 정 피디에게만 주는 나의 마음이다. 촬영하면서 얼마나 힘들었을까? 측은하다.

다행히 오늘 나의 연적인 금나리는 자리에 없다. 몸이 안 좋아 하루 쉰다고는 했지만 얼마 전에 산 주식을 제대로 '물타기'한다는 소문으로 봐서는, 아마 집에서 세수도 안 한 몰골로 컴퓨터 모니터 앞에 앉아 주식 차트만 째려보고 있을 게 분명하다. 그러든지 말든지 지금은 정 피디 생각만 하자.

"내 거예요? 고마워요."

살짝 민망한 듯 웃는 정 피디. 귀엽네.

"뭘요. 촬영 때 힘드셨을 것 같아서, 마침 공짜 쿠폰도 있었고요."

다 뻥이다. 공짜 쿠폰은 무슨. 그저 정 피디가 내 마음을 알아차리면 곤란하니까 최대한 쿨하게 보이고 싶었을 뿐이다.

정 피디는 혼자 마시기에는 좀 쑥스러웠는지 커피를 들고 밖으로 나가자는 눈빛을 보낸다.

어머 난 그것까지 바란 건 아니었는데. 이 남자 좀 앞서가는 성향이 있네. 못쓰겠어. 호호.

북받치는 황홀감을 누르며 정 피디를 따라 휴게실로 들어갔다.

"잘 먹을게요. 요즘 주식 투자는 잘 돼가요? 인터넷 동호회 가입하고 활동을 잘 안 하는 것 같던데."

그렇다. 며칠 동안 HTS를 컴퓨터에 깔고 기능 분석하고 인터넷으로 정보 찾아보느라 동호회 활동을 할 여유가 없었다. 그리고 인터넷 주식 선배들에게 정보를 수집하는 중 중대한 고민이 생겼기 때문이다.

"그게 걱정이 좀 있어서."

"뭔데요? 제가 도와드릴 수 있는 거면 좋겠네요. 말해 보세요."

정 피디는 생긴 것만큼 말도 참 감동의 도가니탕이다.

"종자돈을 300만 원으로 생각했는데 제가 사고 싶은 주식들은 한 주에 다 30만 원이 넘더라고요. 고작 몇 주밖에 못 사는데, 그걸 투자라고 해야 하는지……. 아니면 가진 돈 1,000만 원을 다 투자해야 하는지 걱정이에요. 남들은 올인하지 말라고 그러긴 하지만……."

고민하는 여자도 지적이고 아름다울 수 있다. 절세가인 서시가 지병으로 미간을 찌푸릴 때 그 모습이 너무 아름다워 추녀들도 다 따라 했다지 않은가.

"나 명지 작가가 투자하는데 이렇고 저렇고 말은 못해줘요. 장기 훈수랑 주식은 부모 자식 간에도 참견 않는 법이라잖아요."

우리의 정 피디 작가해도 되겠네. 그런 적절한 비유는 또 어찌 생각해 내셨대.

"그렇지만 돈 1,000만 원이 적은 액수도 아니고 초보가 선뜻 내걸 액수는 아닌 것 같다는 생각이 드네요. 왜 주식하다가 패가망신한 사람들 있잖아요. 다 그 올인이 문제예요. 저는 지금도 용돈벌이로 조금씩 투자해서 재미 보고 있거든요. 주식을 하고 수익이 나서 어느 정도 액수가 되면 원금을 빼고 수익금만 가지고 다시 투자를 했어요. 명지 작가도 생각해봐서 없어도 살 수 있을 액수만 먼저 투자하세요. 처음 300만 원을 투자하기로 마음먹었다면 300만 원으로 현명한 투자를 해봐요. 그래야 투자에 좀 여유로울 수 있거든요. 저는 명지 작가가 주식 떨어졌다고 죽네 사네 하는 모습은 보기 싫어요."

그렇지, 올인은 안 된다……. 그런데 뭐? 내가 죽네 사네 하는 모습은 보기 싫다고?

정 피디와 달콤한 주식 이야기를 나누고 있는데 갑자기 드르르르 주머니 속의 핸드폰이 울린다. 정 피디와의 시간을 방해받지 않으려고 매너 모드로 바꿔 놨는데 웬 진동 소리가 이리도 매너가 없는지……. 정 피디는 전화 받으라는 시늉을 하고는 휴게실을 나가 버렸다.

아쉬운 마음을 접고 핸드폰을 들여다보니 아뿔싸, 금나리다! 정말 눈치 하나는 구만 리네.

정말 받기 싫은 전화지만 주식을 향해 멀고 험난한 길을 가야 하는 나에게 그나마 잡을 지푸라기라도 던져 줄 사람은 금나리뿐이니 받을 수밖에 없다.

"여보세요?"

핸드폰으로 그녀의 싸늘한 목소리가 들린다.

"명지야, 나 나린데 오늘 내가 꼭 사야 할 종목이 있어서 못 나갔어."

그래 말 안 해도 다 안다.

"그랬구나. 난 아픈 줄 알고 걱정했지 뭐야."

말도 안 돼. 내가 이런 가식적인 멘트를 하다니. 정 피디와 독대의 시간을 가진 게 찔리긴 찔리는가 보다.

"너 주식은 샀어?"

반갑게도 주식 얘기를 먼저 꺼낸다.

"아직, 인터넷 보고 종목 몇 개 골라 놨는데 어떨지 몰라서."

"그래? 기분이다. 너 이따 집에 가는 도중에 우리 동네 들렀다 가. 내 오피스텔로 와도 좋고. HTS로 주식 사는 법 알려 줄게. 또 아니? 내가 좋은 종목이라도 추천해 줄지?"

뭐라고? 이 까칠녀가 지금 내게 뭘 가르쳐 준다는 거야? 오늘 횡재를 하는구나.

금나리의 말 한 마디에 난 이미 주식으로 대박을 친 것처럼 기분이 날아오른다.

"정말? 고마워. 빨리 일 끝내고 갈게."

Chapter 2
소액주보다는 우량주를 공략하라

"수업 들을 준비는 단단히 하고 왔지?"

문을 열어 주자마자 그 특유의 까칠한 어조로 말하는 금나리. 그래, 오늘은 선생님이니까 내가 참는다.

"그럼, 뭐든 가르쳐 주면 열심히 배울게."

어색하게 씨익 웃어 보였다.

"편한 옷으로 갈아입어야지. 트레이닝복 줄게. 이거 내가 잠깐 입고 세탁소에 못 맡겼던 건데 괜찮으면 갈아입어."

금나리가 던져 주는 트레이닝복……. 이것은 100만 원대 돌체앤가바나 트레이닝복이 아닌가.

이런 거라면 잠깐이 아니고 며칠을 입었던 것이라도 넘어가 줄 수 있다.

"괜찮지, 그럼."

나도 주식으로 돈 벌어 금나리 부럽지 않게 될 것이다. 청출어람이라는 말도 있지 않은가. 지금은 비록 미약한 개미 투자자지만 나중에는 한국의 워렌 버핏이 되고 말리라. 워렌 버핏도 20대 나이에 100달러로 주식을 시작해서 지금은 세계 최고의 부자 반열에 올랐으니 아자아자, 용기를 내자!

일단 금나리에게 내가 며칠간 인터넷으로 시장조사를 한 결과 뽑아 낸 20만 원대 A통신주, 7만 원대 S선박주, 10만 원대 K화학업종주, 3천 원대 M수산주를 보여 줬다.

금나리는 고개를 끄덕이더니 HTS에 있는 '기업분석' 탭을 열었다.

"명지 네가 고른 주식이 우량주인지 아닌지 기업분석 탭에서 알 수가 있어. 기업의 안정성, 상장성, 수익성을 확인하면서 네가 선택한 주가 우량주인지 아닌지 확인을 해봐."

일단 각 회사의 기업분석 자료를 열어 재무제표를 살폈다. 지난 연도에 비해 회사가 자산 비율이 어떻고 부채는 얼마이며 매출액은 어느 정도인지 등을 살펴봤다. 또한 금나리가 전에 경제 신문을 살펴봐야 주식 흐름이 보인다고 했듯이 해당 회사의 최근 종목 뉴스들을 살펴봤다.

나리의 지적대로 내가 고른 여러 종목 중 A통신사가 가장 연간 기업 성장률도 좋고 자산 규모도 튼튼하게 불려 나간 것으로 확인됐다. 바로 이런 회사의 주식이 우량주란 것이다.

그렇다면 이 주식을 300만 원어치 사면 되나? 15주 정도 살 수 있겠군. 하지만 15주가 올라 봐야 얼마나 수익을 얻겠나. 반면에 M수산주는 1,000주를 살 수 있는데 더 많은 수익을 낼 수 있지 않을까? 내 이런 생각을 금나리는 간단하게 지르밟아 주었다.

"주식이 비싸다고 해서 다 좋은 건 아니지만, 비싼 주식은 싼 주식보다는 안정적이라고 할 수 있어. 가격이 낮고 유통되는 거래량이 많은 주식의 경우 거래가 자주 일어나기 때문에 주가의 변동이 더 심하거든. 그러니 안정적으로 투자하기 위해서는 비싼 주식이 좋겠지. 가격이 낮은 주식은 잘만 하면 대박을 칠 수도 있지만, 비싼 주식보다 위험부담이 커서 잘못하면 쪽박을 찰 수도 있어. 돈 많은 부자들이 이런 주식에 투자를 많이 한다더라. 그런데 주식은 얼마의 수익을 내느냐가 문제지 몇 주를 보유하고 있는지는 중요하지 않아. 자, 이것 좀 봐봐."

금나리가 종이에 표를 그리기 시작했다.

투자액	1주당 단가	매수 가능 수량	10% 상승 시 수익금
3,000,000원	200,000원	15주	300,000원
3,000,000원	3,000원	1,000주	300,000원

"네가 300만 원을 투자해서 20만 원짜리 주식을 샀다고 하

자. 그럼 15주를 살 수 있어. 여기서 10% 이익이 나면 30만 원의 수익금을 얻는 거지. 그런데 만일 3,000원짜리 주식 1,000주를 샀다고 하자. 여기서 10% 이익을 냈다고 가정해 보면 네가 얻는 수익금은 똑같이 30만 원이야. 생각해봐. 우리 같은 개미들은 안전하게 투자하는 게 좋아. 같은 금액에 같은 이익을 본다고 생각했을 때 우량주를 사는 게 좋겠지?"

들어 보니 그럴 듯한 이야기다.

"주식을 사는 데도 원칙이 있어. 음, 너나 내가 좋아하는 신상 명품 백을 인터넷 경매로 산다고 치자. 경매에 나온 물건의 개수가 한정되어 있듯이 늦게 입찰을 하거나 싼 가격으로 입찰을 하면 경쟁에 져서 살 수가 없잖아. 그렇듯 주식시장에도 매매 원칙이 있어. 첫 번째는 가격 우선의 원칙이야. '매수 호가'라 부르는데 살 때는 비싸게, 반대로 '매도 호가', 팔 때는 싸게 불러야 빨리 매매가 체결된다고."

이런, 내가 아는 주식으로 돈 버는 원리는 살 때는 싸게 팔 때는 비싸게였는데 어찌된 일인가!

"주식은 그냥 돈만 있으면 사는 것 아니었어?"

바보 같은 질문이 나도 모르게 튀어나왔다. 아뿔싸!

"하하하하하!"

뭐가 재미있다고 저리도 웃어대는지, 그녀는 웃는데 나는 자존심이 팍 상한다.

"뭐야, 그래서 되겠어? 아주 기본적인 것도 모르잖아. 파는 사람이 있어야 사지. 주식이 무슨 무한정으로 제공되는 공산품인줄 알아?"

"재밌으라고 농담한 거야. 진지하게 받아들이긴."

말은 이렇게 했지만 내 얼굴은 한겨울 달아오른 난로처럼 뻘개져서 뜨거운 열기까지 뿜고 있었다.

"가격 우선 원칙 다음에는 같은 가격이라도 누가 먼저 주문하느냐에 따라 체결되는 시간 우선의 원칙이 있고, 같은 시간 같은 가격으로 주문하더라도 수량이 더 많은 주문자에게 주식을 먼저 분배하는 수량 우선의 원칙이라는 게 있어. 물건을 경매할 때도 비싸게 먼저 많은 수량을 주문한 사람이 이로운 것처럼 이런 원칙을 주식에 그대로 대입하면 이해하기 쉬울 거야."

가만히 생각해 보면 간단한 내용인 것 같은데 설명 한 번 끝내주게 복잡하군.

"그리고 유가증권시장에서는 10주 단위로 거래하고 코스닥 시장에서는 1주 단위로 거래한다는 걸 알아둬."

"그럼 지금 당장 사는 건 어떨까?"

"거래소가 오전 9시에 개장해서 오후 3시에 마감한다는 건 주식을 안 하는 초등학생도 알겠다. 지금 당장은 살 수 없고 매수 주문을 해놓고 내일 개장한 다음 확인하면 돼."

"지금 주문해 두면 시간 우선 원칙이 적용 안 되는 거 아냐?"

금나리는 아주 제법인데? 하는 표정으로 나를 힐끗 본다. 내가 이번에는 제대로 된 질문을 한 건가?

"그렇지. 그걸 '동시호가제'라고 하는데 폐장한 뒤에 들어오는 주문들은 모두 같은 시간에 접수된 걸로 보고 가격과 수량 우선으로 체결시키는 거야. 개장 전 1시간과 폐장 전 10분, 이렇게 하루에 두 번 동시호가 매매 시간이 있지."

이제야 아주 조금은 주식에 대해 알 수 있을 것 같다. 숫자라면 숫자 모양 비스킷도 안 먹는 나인데 오늘부터는 숫자와 열심히 싸워야 한다.

마음 같아서는 20만 원짜리 A통신사 주식 15주를 한 번에 주문하고 싶었지만 나리가 말리는 바람에 일단 10주만 주문했다.

처음부터 한 번에 많은 주식을 사지 말고 계좌에 돈을 남겨두란다. 분할 매수, 분할 매도가 주식으로 꾸준하게 돈 버는 방법이라고.

주문도 해두었겠다, 내일 아침 체결만 되면 나는 이제 A통신사의 주주가 되는 것이다.

나리의 종잇장처럼 얇은 LCD TV를 통해 A통신사의 흥겨운 CM송이 들려온다.

노래가 마치 행복한 자장가라도 되듯 졸음을 몰고 온다. 그러고 보니 벌써 자정이 넘었다.

나이 먹고 피부가 상하면 다 잃는 거라던데 미인은 충분한 수면을 취해야 한다. 나리가 씻는 동안 침대로 꿈틀거리며 기어 들어간다. 뭐 이 넓은 침대에서 같이 잔다고 화를 내진 않겠지. 평소 나리의 성격대로면 자는 나를 바닥으로 밀어 버릴 가능성도 농후하지만 그런 걸 따질 때가 아니다.

파도처럼 밀려오는 졸음에 젖은 내 몸은 이미 침대와 물아일체 지경이 되어 있다. 모르겠다. 냉정한 금나리야, 날 침대 밖으로 차버린대도 널 용서할게.

대신 살살만 차다오.

아니나 다를까 침대 밖으로 내동댕이쳐졌다. 나쁜 계집애, 정말 차다니…… 너무하는 거 아냐? 홧김에 바람 든 풍선 인형처럼 벌떡 일어섰다.

그런데 침대 위에 나리가 보이지 않는다. 어떻게 된 일인가? 그러면 나 혼자 넓은 침대에서 허우적대다 떨어졌단 얘긴데 나처럼 잠버릇 얌전한 사람이 설마.

10년 전에 친구들이랑 단체로 싸게 한 쌍꺼풀 수술 부작용으로 눈을 좀 뜨고 자긴 하지만 항상 잠든 자세 그대로 일어났는데 역시 잠자리가 바뀌니 사람도 달라지는구나 하고 생각하는데 문자 한 통이 날아든다.

[아침 약속이 있어 먼저 나왔어. 번호 키니까 그냥 문 닫고 나오면 돼. 근데 너 잠버릇 좀 고쳐야겠더라.]

신명지의 생애 첫 주식 매수
거래일 : 2008년 ○월 ○일
종 목 : A통신사
단 가 : 206,000원
수 량 : 10주
투자액 : 2,060,000원
……Abracadabra!

금나리답다. 내 잠버릇이 어때서? 사람이 자다가 뒤척일 수도 있지.

신경 끄고 투자일기장 한 면에 내 생애 첫 주식거래를 적어 두었다.

그리고 끝에는 대박 기원의 의미로 '아브라카다브라(Abracadabra)!'라고 써놓았다.

'아브라카다브라'는 희망과 꿈이 있는 사람에게 분명 그 꿈을 이루어 준다는 마법의 주문이라고 들었다. 나의 A통신사의 주식이 내 희망과 꿈을 먹고 마법을 일으켜 주길 기대해 본다.

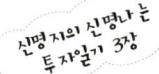

주식시장의 매매 원칙
- 가격 우선의 원칙 : 살 때는 비싼, 팔 때는 싼 가격이 우선이다.
- 시간 우선의 원칙 : 0.001초라도 빠른 주문이 우선이다.
  인터넷이 빠른 환경에서 주문하자.
- 수량 우선의 원칙 : 주문 수량이 많은 주문자가 유리하다.

주식 초보자를 위한 TIP

재무제표

재무제표란 기업의 재정 상태를 나타내는 것으로 대표적으로 손익계산서, 대차대조표, 현금흐름표 등이 있다.

손익계산서는 일정 기간 동안 기업의 손익을 나타내는 것이고, **대차대조표**는 일정 시점에서 기업의 자산 상태를 알려 주는 표로 기업이 자산을 어떻게 조달했는지(자본과 부채), 어떻게 운용하는지(유동자산과 비유동자산)를 정리한 재무 상태표다. **현금흐름표**는 영업, 투자, 재무 활동으로 인한 기업의 현금 흐름을 말해 준다.

기업의 과거 실적을 나타내는 재무제표만으로 기업의 미래 주가를 예측하기는 힘들지만, 그 정보를 통해 기업의 미래 실적을 추정하고, 이렇게 추정된 실적을 통해 기업의 주가를 예측하고 반영된다는 점에서, 성공적인 주식 투자를 위해서는 올바른 재무제표 분석이 선행되어야 한다.

주식 매매 방법

주식을 사기 위해 하는 주문을 **매수 주문**, 주식을 팔기 위해 하는 주문을 **매도 주문**이라고 한다. 매수 주문을 하기 위해서는 매수에 필요한 충분한 돈이 계좌에 있어야 한다. 매수와 매도 주문은 가격이나 수량 면에서 매수자와 매도자의 조건에 맞는 상대가 있어야 주문 체결이 가능하다.

정규시장의 주식거래 시간은 매주 월요일부터 금요일까지, 매일 오전 9시부터 오후 3시까지다. 단, 정규시장이 시작하기 전이나 끝난 후에도 매매가 가능한데, 이를 **시간외 매매**라고 한다.

시간외 매매에서는 정규시장이 시작하기 전인 오전 7시 30분부터 8시 30분까지 **전일 종가**로 매매하거나, 정규시장이 끝난 후인 오후 3시부터 3시 30분까지 **당일 종가**로 매매할 수 있다. 3시 30분부터 6시까지는 **당일 종가 기준으로 ±5% 범위 안**에서 시장 관리자가 30분마다 **단일가**로 거래를 체결시킨다.

　또한 정규시장의 주식거래 시간에 접수한 주문이 체결되지 않으면 그 주문은 당일 장 종료 후 **취소** 처리된다. 내일 열릴 장에 대한 **예약 주문**도 가능한데, 이는 당일 오후 4시부터 익일 오전 7시까지 할 수 있다. 예약 주문을 한 후 거래가 체결되기 전까지는 **주문 수정**과 **취소**가 가능하다. 매매 주문 시 매수자나 매도자의 희망 가격은 **호가**라고 한다.

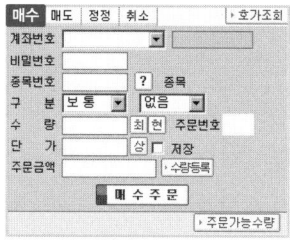
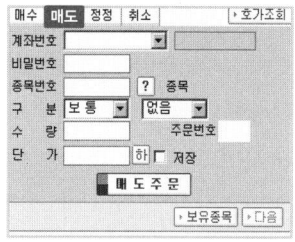
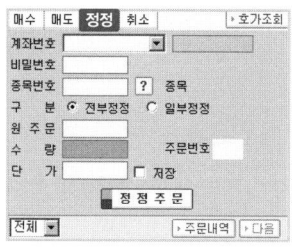

한눈에 보는 주식 매매

매매 종류

명칭	거래일	거래시간	거래방법
장전 시간외 매매	매주 월~금	오전 7시 30분~ 오전 8시 30분	전일 종가로 매매.
시초 동시호가		오전 8시~ 오전 9시	동시호가 시간 동안 접수된 모든 매수·매도 주문 중 가장 호가에 일치하고 수량이 많은 가격으로 주문 체결. ＊수량이 큰 주문이 가격 결정에 큰 영향을 미친다.
정규 매매		오전 9시~ 오후 2시 50분	주식시장의 매매 원칙이 적용되는 거래. 가격〉시간〉수량 우선의 원칙이 적용된다.
마감 동시호가		오후 2시 50분~ 오후 3시	동시호가 시간 동안 접수된 모든 매수·매도 주문 중 가장 호가에 일치하고 수량이 많은 가격으로 주문 체결. ＊수량이 큰 주문이 가격 결정에 큰 영향을 미친다.
시간외 종가 매매		오후 3시~ 오후 3시 30분	당일 종가로 매매.
시간외 단일가 매매		오후 3시 30분~ 오후 6시	당일 종가의 ±5% 범위 안에서 시장 관리자가 30분마다 단일가로 거래 체결.

유가증권시장 호가 기본단위

주가	호가 단위	주문 수량 단위
5,000원 미만	5원	10주
5,000원 이상 1만 원 미만	10원	
1만 원 이상 5만 원 미만	50원	
5만 원 이상 10만 원 미만	100원	
10만 원 이상 50만 원 미만	500원	
50만 원 이상	1,000원	

코스닥시장 호가 기본단위

주가	호가 단위	주문 수량 단위
5,000원 미만	5원	1주
5,000원 이상 1만 원 미만	10원	
1만 원 이상 5만 원 미만	50원	
5만 원 이상	100원	

Chapter 2
−5, +10의 매매 법칙을 지켜라

"A통신사라면 경영 내용도 좋고 배당률도 높은 우량주네요? 그래요, 투자는 우량주로 길게 보고 가는 거죠."

정 피디가 편집실에서 촬영 테이프를 살펴보다가 지나가는 나를 붙잡고 일부러 말을 걸어왔다. 요즘 우리 팀에서는 프로그램이 아니라 내 주식 입문기가 핫이슈다.

옆 팀의 피디들까지도 어떤 주식을 샀냐고 난리다. 이놈의 인기는 어디를 가나 식을 줄 모른다. 20만 원짜리 주식 10주를 산 것뿐인데 그게 뭐 대단하다고, 하하! 우리 완소남 정 피디까지 이 바쁜 와중에 날 불러 세워 놓고 주식 얘기를 하다니.

"그래 얼마에 샀어요?"

비밀이지만 정 피디니까 살짝 귀띔해 준다.

"한 주에 20만 6,000원이요. 하하하, 아까 확인해 보니 하루 사이에 4,000원이나 올랐더라고요. 그냥 앉아서 4만 원을 벌었어요."

그렇다. 인간 신명지는 30년을 헛살았다. 이리도 돈을 쉽게 버는 방법이 있는데 그걸 모르고 성격 괴팍한 팀장의 눈치도 보고 변덕이 죽 끓는 듯한 일부 연예인들의 비위나 맞추며 바동바동 서럽게 살았으니 말이다.

내 지금부터 돈 많이 모아서 열심히 투자의 길을 걸어가리라. 오늘 아침에 새롭게 세운 결심이다.

"그러면 얼마 정도 오르면 팔려고요?"

"네?"

글쎄, 그건 생각해본 적 없는데…….

"가볍게 두 배 정도? 전 많은 욕심은 없거든요."

정 피디가 특유의 보조개 미소를 지으며 말한다.

"A통신사 주가를 두 배로 올리려면 세월 꽤 걸릴 텐데요. 차트는 보셨어요?"

차트? 무슨 차트를 말하는 건가? 도무지 무슨 소리인지 모르겠지만 나는 모르는 티를 안 내려고 살짝 웃으며 고개를 아주 미세하게 저었다.

"A통신사의 1년 등락 폭을 한 번 살펴보고 최근 들어 많이 떨어지고 있다면 손절매를 할지 장기적으로 가져갈지 결정을 해야 해요. 일시적으로 주가가 잠시 올랐다 다시 떨어지는 경우도 있거든요. 연구 많이 하세요."

손절매를 하라고? 주식은 참 얄궂기도 하지. 뭐 하나를 알 듯하면 다음번에 어김없이 또 다른 벽들이 버티고 있으니……. 재빠르게 자리에 돌아와 인터넷으로 '손절매'를 검색해 봤다.

'손절매'란 주가가 하락할 때 손해를 감수하며 주식을 팔아 더한 손해를 막는 것을 말한단다.

'손절매'란 절대 친하게 지내지 말아야 할 단어로군.

주식 차트를 보라고 한 친절한 정 피디의 말대로 차트도 찾아냈다. 차트에는 과거 투자자들의 거래 내역이 담겨 있어 주가 동향을 예측할 수 있다고 한다.

하지만 차트라는 것, 아무리 들여다봐도 뭐가 뭔지 모르겠다. 가방 속에서 잠자던 주식 책이 드디어 활약할 때다. 주식 책에서 '차트 보는 법'이라는 섹션을 폈다.

봉 차트에 고가, 종가, 시가, 저가, 양봉, 음봉…… 난리 블루스다. 가뜩이나 수학 시간을 취침 시간으로 이용하던 나에게 이런 곤혹스러운 일이 벌어지다니.

멍해진 나는 정신을 차리고 책을 덮는다. 일단 통과! 나중에 정 피디랑 더 친해지면 물어볼 테다. 왠지 그가 가르쳐만 준다면 차트든 그래프든 야금야금 씹어 소화시킬 수 있을 것 같다.

아, 갑자기 배가 묵직해진다.

화장실에 앉아 있는데 까르르 하는 수다쟁이 군단이 몰려오는 소리가 들린다. 용무에 집중하고 있던 내 귀로 한 여자의 목소리가 깔때기에 물 붓듯 쪼르르 빨려 들어온다.

"요즘은 정말 개나 소나 다 주식한다고 난리지. 내가 그 작가가 주식으로 돈 벌면 나도 일 다 그만두고 집 팔아서 뛰어든다. 그 작가가 주식을 주식회사 가서 산다고 그랬다며? 요즘도 그렇게 무식한 여자가 있니? 하하하하하."

어라, 주식을 주식회사에서? 어디서 많이 듣던 레퍼토리다.

갑자기 정 피디의 웃음소리가 들려오는 듯하다. 내가 처음 술자리에서 "주식은 어디서 파나요?"라고 되물었던 다음 날, 정 피디와 통화할 때 내가 꺼냈던 말이다.

그렇다면 정 피디가 날 우습게보고 사람들에게 우스갯거리로 만들었단 말인가.

진정 나는 믿는 도끼에 발등을 찍혀야 하는 운명이란 말인가. 영화〈유주얼서스펙트〉보다 더 강한 반전에 소름이 돋았다. 반반하게 생겨서 좀 대우를 해줬더니, 남자는 얼굴값을 한다는 엄마 말이 이런 뜻인가 보다.

내가 두 살 많은 누나로서 가서 따끔하게 혼을 내주리라.

성난 황소처럼 씩씩대며 정 피디가 있던 편집실 앞으로 다가갔다. 문을 박차고 들어가려는데, 번쩍! 머리에서 섬광이, 아니 열불이 붙는다.

금나리가 정 피디의 편집실에서 나오다가 문으로 내 머리를 강타한 것이다.

"명지야, 너 여기 서서 뭐해? 안 다쳤어?"

찰나의 기억상실증에라도 걸린 듯 멍해진 나는 아무 말도 못하고 서 있었다.

금나리 뒤에는 내 머리와 문의 마찰로 인한 둔탁한 소리를 듣고 놀란 정 피디가 서 있다.

내가 왜 여기 서 있지?

"명지 작가님, 괜찮아요?"

정 피디가 걱정스러운 표정을 짓는다.

"괜찮아요."

뭘 하러 왔던 지금 상황은 정말 창피하다. 빨리 괜찮은 척하고 자리를 떠야겠다.

나는 서둘러 뒤를 돌아섰다.

"명지야!"

금나리의 부름에 최대한 아무렇지 않은 표정으로 돌아섰다. 그런데 긴장해서 땀이 흐르는 탓인지 이마에서 뭔가 한 방울 뚝 떨어지는 느낌이다. 나리가 소리친다.

"명지야! 너 피!"

난 미소를 지으며 기억을 잃는다.

"선지 못 먹어요? 아참, 물어보는 걸 깜빡하고 시켰네."

배려가 없는 정 피디에게 짜증이 살짝 났다. 기절했다 깨어난 나를 무작정 끌고 간 곳이 안국동의 유명한 선지해장국집이다.

"선지 같은 걸 어떻게 먹어요?"

투정하듯 숟가락을 내려놓았다. 하지만 난 선지를…… 잘 먹는다. 아니 환장한다는 말이 더 잘 어울린다. 독특하게 씹히는 맛과 구수함이 그만인 선지해장국은 술꾼인 나를 위한 우리 엄마의 특별 해장국이기도 하다.

하지만 내 어찌 외간 남자 앞에서 선지에 환장한다 말하리오. 정 피디는 미안한 듯 겸연쩍게 웃으며 다시 내 손에 숟가락을 쥐어 준다.

"약이다 생각하고 한 술 떠요. 선지가 철분 덩어리거든요. 요즘 주식 때문에 신경 많이 썼나 봐요. 이마에 피 조금 났다고 기절을 다 하고. 천천히 공부한다고 여기고 편하게 생각해요."

어쭈, 병 주고 약 주는 거야? 주식 때문이 아니라 난 원래 피만 보면 울렁증이 생긴다고!

"이 선지 한 숟가락 먹으면 내가 주식 정보 하나 줄게요."

주식 정보? 나는 정 피디가 내미는 선지를 못 먹는 척 망설이다 눈을 질끈 감고 입에 넣었다. 윽, 맛있다! 아주 살살 녹는구나.

"잘했어요. 먹을 만하죠?"

난 고개를 살짝 끄덕인다.

"명지 작가님이 먹었으니 약속대로 정보 하나 줄게요. 이건 제가 투자할 때 세워 놓고 꼭 지키려고 애쓰는 법칙인데요. 마이너스 5, 플러스 10 법칙이에요."

"마이너스, 플러스요? 그게 뭔데요?"

"손절가라고 아시죠? 손해를 보고 매매하는 가격을 말하는데요, 주식을 하다 보면 얼마만큼 떨어지면 팔고 또 얼마만큼 오르면 팔아야 하는지 결정하는 게 가장 어렵고 중요하죠. 저는 손실에서 5%, 이익에서 10%가 나면 무조건 팔아요. 과식을 하면 배탈이 나듯 과욕이 주식시장에서는 쪽박을 부르거든요."

그게 무슨 말이냐. 난 내 우량주가 2배가 될 때까지 안 팔 생각인데.

계산을 해보자. 20만 6,000원에 10주. 206만 원의 10% 이익이면 20만 6,000원. 애걔, 겨우 내가 이 정도 푼돈을 벌려고 까칠녀 금나리에게 굽실거리는 줄 알아? 5%면 10만 3,000원의 손해. 그 정도 위험은 감수할 수 있다.

"겨우 10%요? 전 100% 이익을 생각하고 있는데요?"

내 말에 정 피디가 피식 웃었다.

"그건 좋을 대로 하세요. 하지만 주식은 언제 터질지 모르는 폭탄 같아서 예측하기 어려우니까 안전한 방법을 얘기하는 거예요. 그 폭탄이 불발탄이면 좋겠지만 혹시 꽝 하고 폭발해서 다 날아가고 남는 게 없으면 곤란하잖아요."

대놓고 악담을 해라. 걸음마 시작하는 애한테 관절염 조심하라는 말하고 뭐가 다르냐.

그래도 기억했다가 내 주식 다이어리에 적어 놔야지. 이런 생각을 하는데 정 피디가 휘둥그레한 눈으로 나를 본다. 또 왜! 정 피디 얘기를 들으며 난 무의식적으로 해장국 한 그릇을 다 비운 것이다. 아뿔싸!

"선지 못 먹는 거 아니었어요?"

난 그냥 배시시 웃을 수밖에.

신명자의 신명나는 투자일기 4장

안정성을 추구하는 정 피디의 투자 법칙

깔끔한 성격의 정 피디는 냉정한 투자 법칙을 세워 안전한 매매를 한다. 일명 마이너스5, 플러스10 법칙! −3~−5%를 손절가로 설정, 5%의 손실이 나면 바로 미련 없이 손절매하고, +10%를 이익가로 설정, 10%의 이익이 나면 더 이상 기대를 접고 매매하는 것이 안전하다.

Chapter 2
미친 듯
오르고 있어요

 헉, 어제까지 소폭으로 오르고 있던 나의 A통신사 주식이 오늘 아침엔 만 원도 넘게 올라 버렸다.
 짝사랑 상대 정 피디에게 사랑 고백을 받아도 이만큼 기쁠까? 아닐 것이다.
 2년 전, 5년을 사귀던—사실 거의 키우다시피 했던— 세 살 연하의 남자 친구가 내 뒤통수를 보기 좋게 걷어차고 자기보다 다섯 살 어린 여자에게 매몰차게 떠나 버리면서 남자는 내 인생의 뒤안길에 슬쩍 밀어 놓았던지라 남자에 대한 감흥보다는 이제 돈에서 오는 감흥이 나를 더 흥분하게 만든다.
 5년 동안 학생이던 남자 친구와 사귀느라 깨진 돈이 얼마던가! 이제 와 얘기지만 명품은 둘째 치고 그 녀석 친구들까지 술 사 먹이고 밥 사 먹이느라 내 통장의 저축액이 7년 뼈 빠지게 일하고도 현재 1,000만 원뿐인 것이다. 내 월급 통장에 빨대를 꽂고 쭉쭉 엑기스만 빨아 가던 그 녀석은 결국 취직과 동시에 솜털이 보송보송한 스키니진 차림의 꼬맹이 후배와 바람이 나 날 떠났고 그때 그 녀석 때문에 쓰디 쓴 소주를 짝으로 마셔대며 인생의 가장 큰 진리를 뼈저리게 느꼈다.

'남자보다 돈! 돈은 결코 나를 배신하지 않는다!'

정 피디에게 자꾸 관심이 가긴 하지만 그 역시 남자다. 결국 설명이 장황했지만 정 피디보다는 돈이 우선이라는 얘기지. 게다가 나리와도 사랑의 라이벌 따위로 엮이고 싶지는 않다.

그동안은 귀찮아서 회사 컴퓨터를 쓰던 내가 얼마 전부터 집에 있던 노트북을 가지고 다니기 시작했다.

마음 놓고 주가 변동 상황을 살펴보려면 아무래도 회사 컴퓨터보다는 내 노트북이 눈치도 덜 보이고 편하니까. 노트북 부팅을 하자마자 바로 HTS로 들어가 주가를 확인했다.

20만 6,000원에 산 주식이 며칠 동안 조금씩 오르는가 싶더니 오늘 아침에는 22만 원 선에 올라서고야 말았다.

바로 이 맛에 식음을 전폐하고 주식시장으로 뛰어드는 것 같다.

아침마다 황금알을 낳아 주는 거위가 동화 속에만 있는 것은 아니었다. 바로 내 A통신 주식이 바로 황금알을 낳는 거위였으니.

안 하던 콧노래까지 흥얼대며 밀렸던 섭외 전화를 돌리고 회의 준비를 시작했다. 오늘은 나리가 준비해야 할 코너까지 요약해 회의 자료를 작성했다. 왜 나리의 일까지 해주냐고?

어쨌든 나리는 나의 주식 스승이고 나리 덕에 산 A통신 주식이 황금알을 낳았으니 이 정도 서비스쯤이야 100만 번도 해 줄 수가 있다는 게 현재 신명나는 신명지의 기분이다.

나리는 회의 시작 10분 전에 출근해 내가 작성해 놓은 회의 자료를 고맙다는 말 한 마디 없이 낚아채 갔다. 이런들 어떠하며 저런들 어떠하리. 자고로 사람은 한결같아야 하는 법.

나리도 자신의 까칠한 이미지를 한결같이 지켜 나가려고 저러는 것일 뿐, 속으로는 지금 눈물 나게 고마워하고 있음을 안다. 아니, 그렇게 생각해야 내 속이 편할 거 같다.

"오늘은 지각한 사람이 없네? 신명지 작가 웬일이야? 벌금 만 원의 위력인가?"

요즘 들어 연애를 하는지 성인 영상물에 심취했는지 밤잠을 못 잔 듯 눈이 퀭해지고 머리숱은 더 없어 보이는 팀장이 가만있는 날 걸고 넘어가며 지루한 마라톤 회의의 시작을 알렸다.

내가 주식으로 떼돈 벌면 팀장에게 인디언들이 썼다는 신비의 약초로 만든 비누나 하나 선물해야겠다. 아니면 전립선 비대증에 먹는 약이 부작용으로 머리털을 나게 만든다고 어디서 들은 것 같은데 그걸 사줄까? 저놈의 머리통 아슬아슬해서 못 봐주겠네.

그나저나 지금 나의 황금 거위는 얼마나 많은 알을 낳고 있을까? 오늘은 아예 팀장의 말이 귓등에 닿자마자 다 타버린 담뱃재처럼 뚝뚝 바닥으로 떨어져 내린다.

어차피 회의라고 해봤자 팀장 혼자 떠드는 걸 많은 사람들이 비몽사몽 졸면서 들어줄 뿐인데 오늘 하루 들어주지 않는다고 별일이야 있겠는가. 난 내 구찌 손목시계의 바늘과 팀장의 황량한 머리통을 번갈아 보면서 머릿속으로는 온통 황금 거위를 생각하며 지루한 시간을 버티고 있었다.

긴 회의를 마치고 돌아와 급히 노트북을 보니 오전까지만 해도 22만 원 선에서 춤추던 나의 사랑스런 주식이 23만 8,000원을 종가로 마감됐다.

야호! 20만 6,000원에 산 주식이 5일 만에 3만 2,000원의 이익을 낳았다. 10주니까 자그마치 5일 만에 32만 원의 수익을 올린 것이다.

10% 넘는 수익을 올렸으니 팔아야 하는 것 아닌가 하고 정피디가 일러준 투자 법칙이 잠깐 뇌리를 스쳤지만 네티즌들이 게시판에 올린 의견을 보니 내일은 25만 원까지도 갈 수 있

을 것 같다. 그래, 딱 내일까지만 수익을 보고 파는 거야!

게시판에는 여러 사람들이 A통신사에서 핸드폰으로 간단한 건강 체크를 할 수 있는 혁신 기술을 개발했다는 소문이 들리니 앞으로 주가가 더 뛸 것이라는 내용의 글을 써놓았다. 그러니 내일 팔아도 늦지 않으리라.

"흡!"

나도 모르게 조용한 사무실 안에서 괴이한 소리를 내고 말았다.

슬픔은 감춰도 기쁨은 감추지 못한다고 했던가. 결국 내가 주식으로 돈 번 것을 다 알리고야 말았다. 게다가 같은 주식을 산 금나리가 홀랑 팀장에게 내 황금 거위를 폭로해 버린 것이다.

"야, 신명지 대단하네! 5일 만에 32만 원? 나중에 주식으로 떼돈 벌어서 방송국 이거 통째로 인수하는 거 아냐?"

너무 앞서 가시는 우리 팀장을 살짝 무시하고 즐거운 기분으로 퇴근길에 나서려는데 눈앞에 황량한 머리통 하나가 불쑥 다가온다. 담배에 쩔은 냄새를 풍기는 우리 팀장이다.

"어딜 가? 돈 벌었으면 불쌍한 우리 월급쟁이들한테 한턱 내야지."

벼룩의 간을 내먹지. 이건 한 주라도 방송이 없으면 손가락을 빨아야 하고 겨우 주급을 챙겨 받는 허울만 좋은 프리랜서 작가를 등쳐 먹으려는 빵빵한 직장에 4대보험이 다 되는 정규직 피디, 즉 있는 자의 횡포다. 하지만 오늘은 나의 황금알 덕분에 기분이 좋으니까 봐준다.

"치킨에 맥주라면 지금 살 수도 있는데……."

오늘은 다들 약속도 없나? 전원 오케이! 방송국 앞 단골 맥줏집으로 간다!

Chapter 2
미친 듯 떨어지고 있어요

 아뿔싸! 주식이 올랐다고 한턱내라는 팀장의 말에 부화뇌동한 내가 멍청하지, 누굴 탓하랴.

 맥주에 치킨, 골뱅이만 먹었는데도 술값이 자그마치 18만 원이 나왔다. 하긴 사람이 몇 명이야. 지하철을 타고 출근하면서 지갑 속 영수증을 꺼내 보니 어제 술 때문에 쓰리던 속에서 위액이 펌프질을 한다.

 18만 원이면 지난번 백화점 세일 때 망설였던 펜디 선글라스를 살 수 있는 돈이다. 게다가 돈을 더 보태면 내 황금알을 하나 더 살 수 있는 귀한 자금인데 그 많은 인간들이 한입에 털어 넣다니…….

이제부터는 주식을 하면서 포커페이스를 유지해야겠다. 주식으로 번 돈 남의 입에 털어 넣기 십상이겠으니.

출근을 하면서도 머릿속에는 주식 차트가 번쩍거렸다. 집에서 확인해도 될 일이지만 참았다가 출근과 동시에 황금알을 확인하는 그 기분은 더 짜릿할 것만 같았다.

방송국에 들어서 자리에 앉자마자 HTS에 접속해 주가를 확인했다.

내가 어제 술을 많이 먹어서 헛것이 보이나? 어제 23만 8,000원을 종가로 마감됐던 내 황금 거위 A통신 주가가 하루 만에 22만 원을 지나 21만 원 선으로 떨어져 내리고 있었다.

이 어찌된 일인가? 핸드폰으로 건강검진을 하는 혁신 기술을 개발했다면서 어떻게 주가가 떨어질 수 있는지 이해가 안 됐다. 게시판의 글들을 살펴보니 건강검진 핸드폰은 헛소문일 가능성이 크니 빨리 팔아야 한다는 의견과 잠시 흔들릴 뿐 동요하지 말라는 의견으로 나눠져 치열한 접전을 벌이고 있었다.

나의 황금알을 낳는 거위가 이제 돌을 낳느냐, 아니면 잠시 주춤했다가 더 큰 황금알을 낳아 주느냐, 정말 알 수 없는 일이다.

아무것도 손에 잡히지 않는다. 아침에 집을 나오면서 200밀리 우유를 마신 게 전부인데 점심을 건너뛰어도 배고픈지 모르겠다. 핸드폰으로 섭외 관련 전화가 오는데도 매니저들과 무슨 통화를 어떻게 했는지 기억이 잘 안 날 정도로 정신이 없다. 완전한 공황 상태다.

그래, 금나리! 급하게 나리의 핸드폰으로 전화를 건다. 오늘 섭외 때문에 매니저를 만난다며 사무실에 나오지 않은 나리에게 SOS를 쳐야겠다.

하지만 나리의 핸드폰은 지금 분위기에 전혀 안 맞는 멜랑콜리한 상송만 반복해서 들려줄 뿐이지 까칠한 나리의 목소리는 들리지 않는다.

이런, 전화를 안 받네. 정 피디에게 물어볼까? 편집실에서 작업을 하고 있는 정 피디에게 달려갔다. 누군가 내가 뛰는 모습을 봤다면 아마 서태지라도 찾아왔나 하고 생각했을 것이다.

"글쎄요. A통신사 주식이 우량주에 속하기는 한데 어떻게 될지는 저도 모르죠. 팔라고 해야 할지 두고 보라고 해야 할지 저도 모르겠어요. 책임 못 지는 얘기는 안 하는 편이 낫잖아요."

이러면서 해맑게 웃는다. 저 웃음이, 좋게만 보였던 저 웃음이 사람을 잡을 때도 있구나.

결국 아무런 대답도 못 듣고 돌아와 다시 차트 앞에 앉아 시계를 보니 2시 반이 넘어가고 있다. 그동안 미친 듯이 곤두박질치던 내 황금알들은 이제 더 이상 황금알이 아니다.

그래, 인생은 결국 혼자 가는 거랬지! 판단은 내 몫이다. 손해를 보고 이대로 팔 것인가, 아니면 조금 더 기다려 볼 것인가.

그나마 위안이 되는 것은 정 피디의 말에 따르면 주식에는 '상한가'와 '하한가'라는 것이 있어서 전일 종가를 기준으로 ±15% 범위까지만 주가 변동이 가능하다고 한다. 고로 오후장에서 최악의 상황이 되더라도 23만 8,000원으로 마감된 어제 종가에서 −15%, 즉 20만 2,300원 아래로는 내려갈 수 없다는 계산이 나온다. 누가 만들어 놓은 법칙인지는 몰라도 이럴 때는 유용하군. 그래, 어차피 손해본 것, 눈 딱 감고 기다려 보자. 설마 하한가를 치기야 하겠어?

다행히 더 이상은 떨어지지 않고 21만 5,000원에서 장이 마감됐다. 잘한 거야, 신명지! 참는 자에게 복이 있다고 했으니, 내일은 더 좋은 소식이 있을 거야.

그러나 나의 '주식 참사'가 있은 지 이틀째 되는 날, 주식은 결국 18만 원 대로 떨어졌다. 단 사흘 만에 5만 원이 떨어진 거다.

정 피디가 알려준 −5, +10 법칙에 따르면 20만 6,000원에 산 주식이니 손절매가는 19만 5,700원이었다.

이미 손절매가도 지난 채 곤두박질치고 있었다. 안 되겠

신명지의 생애 첫 주식 매도

거래일: 2008년 ○월 ○일~
○월 ○일 -8일
종 목: A통신사
매수가: 206,000원
매도가: 185,000원
수 량: 10주
손실금:
2,060,000원-1,850,000원
=210,000원(+수수료)

다. 기다린 보람도 없이 눈물을 머금고 주식을 팔기로 했다. 다행히 계약이 체결돼 18만 5,000원에 팔았다.

불과 사흘, 아니 하루에도 몇 번씩 희비가 교차하는 이 바닥이 바로 주식판이라는 것을 온몸으로 실감한 셈이다. 주식 매도를 마치고 책상 위에 패잔병처럼 픽 쓰러질 때, 금나리가 사무실로 들어왔다.

"나리야, A통신 지금 막 팔았어……."

그래도 함께 A통신을 샀던 나리에게 오늘의 아픔을 털어놓으면 한결 마음이 편할 것 같았다.

"뭐야? 그럼 너 이제야 팔았단 거야? 손해가 만만치 않았겠는걸. 나는 벌써 사흘 전에 주식이 아무래도 요동칠 듯해서 22만 원 정도에서 매도했는데. 너한테도 알려줄 걸 그랬다, 얘."

뭐야, 미리 말 좀 해주지. 나와 똑같이 20만 6,000원에 주식을 사서 22만 원에 매도한 나리는 한 주당 1만 4,000원의 이익을 본 셈이고, 나는 18만 5,000원에 팔았으니 2만 1,000원의 손해를 본 셈이다. 그것도 10주였으니까 손실금은 자그마치 21만 원! 게다가 며칠 전 기분 좋게 한턱 쏘기까지 했으니…… 흑, 속 쓰리다.

하지만 현자는 시련에 더 강해지는 법! 이제 더 신중하게 고르고 신중하게 파는 연구를 해야겠다.

🥿 **주식 초보자를 위한 TIP**

손절매 원칙

손절매란 주가가 하락할 때 손해를 감수하며 주식을 팔아 더한 손해를 막는 것을 말한다. 주식거래에 있어 **매매 원칙**을 세우는 것은 필수다. 문제는 알면서도 지키지 못하는 경우가 많다는 것이다.

예를 들면 한 투자자가 단기적인 이슈로 주목받을 것 같은 A란 종목을 처음에 사려고 했을 때는 일주일 정도 투자를 예상하고 매수를 했다가 일주일 뒤 손실이 나면 갑자기 장기 투자자로 돌변하여 오를 때까지 기다리는 전략을 구사하게 되는 경우가 있다.

이는 주식 초보자가 범하기 쉬운 실수 가운데 하나다. 투자자는 A를 단기 투자에 좋은 종목으로 매수를 한 것이지 장기 투자의 관점에서 그 종목을 분석하고 보유 여부를 결정한 것이 아니기 때문이다. 보통 단기 투자 종목은 성장주일 가능성이 높아 장기 투자 종목으로는 적합하지 않은 경우가 많은데, 단지 손실이 났다는 이유만으로 장기 보유를 한다는 것은 더 큰 손실을 불러올 수도 있음을 명심해야 한다.

상한가와 하한가

주식의 시세는 하루 동안 오르내릴 수 있는 폭이 제한되어 있다. 하루 중 최고가의 주식 시세를 **상한가**라고 하고 최저가의 주식 시세를 **하한가**라고 하는데, 이는 변동 폭이 큰 주식시장에서 투자자를 보호할 목적으로 **전일 종가 기준 ±15%** 범위 이내에서 시세의 변동을 제약한 조치다.

예를 들어 전일 종가가 1만 원인 주식의 경우, 당일의 상한가는 1만 1,500원이고, 하한가는 8,500원인 셈이다.

Chapter 2

종목 선택은 이렇게

"뭐야? 엄마 무슨 일이야?"

엄마는 창밖을 잠시 말없이 바라보다가 겨우 입을 뗀다.

"엄마 고등학교 동창 민자 아줌마가 유방암이래. 이혼하고 가족도 없고 모아둔 돈도 없어서 수술도 못하고 죽게 생겼어. 어쩌면 좋니."

엄마는 또 눈물을 글썽거린다.

"그럼 어젯밤이랑 오늘, 병원에 갔던 거야?"

고개를 끄덕이는 엄마. 그래, 엄마 친구 민자 아줌마에게는 정말 죄송하지만…… 다행이다. 요 며칠 엄마의 우울증 원인이 갱년기 증세가 아니고 민자 아줌마라니.

"보험이라도 들어 놓지. 나이 먹도록 뭐 했나 몰라. 불쌍해서 어쩌니?"

나의 첫 주식 투자가 실패로 돌아가고 그 후유증에서 벗어나니 나도 이제 남 걱정을 시작한다. 인간 신명지의 오지랖은 다 유전이다. 엄마와 아빠를 똑 닮아서 남의 일에 관심도 많고 눈물도 참 많다.

"엄마가 친구들 모아서 좀 도와드려."

"그러려고 하는데 다들 살기 바빠서 잘 안 되네."

"아줌마는 가진 재산이 하나도 없대?"

"글쎄 그게 이럴 줄 모르고 전세까지 빼서 주식을 했다지 뭐야. 처음에는 돈 좀 벌었나 본데 지금은 남은 게 얼마 안 된다더라. 주식 때문에 신경 쓰느라 암까지 얻고."

헉, 내 주변에 주식으로 쪽박 차고 병까지 얻은 사람이 있다니……. 근데 혹시 내 빈혈도 주식 때문인가? 이대로 주식을 그만둬야 하는 것일까? 또 내 머릿속의 이야기들은 샛길로 흐르고 있었다.

엄마 친구 민자 아줌마의 이야기를 들으니 '도' 아니면 '모'다. 여기서 '도'는 주식 산 것 팔아서 다시 이율 높은 저축을 하는 것이고, '모'는 더 열심히 주식 공부를 해서 민자 아줌마처럼 되지 않도록 노력하는 것이다. 아주 진지하게 골똘히 10여 분을 생각한 결과, 난 '모'의 인생을 가기로 했다. 아무렵 '도'보다는 '모'가 낫지.

컴퓨터를 켜고 새롭게 투자한 종목을 살펴봤다. 이번에는 금나리에게 내가 아끼던 에트로 신상 헤어핀을 선물로 바치면서 신중하게 종목을 추천받았다.

그리하여 내 두 번째 황금 거위가 된 주식은 평소에 즐겨 먹는 아이스크림을 만드는 회사 S였다. 이제 슬슬 더위가 몰려 올 테고 아이스크림 판매량이 늘면서 S제과의 주식이 오를 것이라는 금나리의 그럴듯한 주장을 믿고 일주일 전에 매입했다.

내 신명나는 투자일기를 펴서 매수 가격과 현재 가격을 비교해봤다.

신기하게도 며칠 날씨가 쨍쨍하더니 15만 원에 매수한 주식이 17만 원 대를 호가하고 있다. -5, +10 법칙에 의하면 지금 팔아야 할 텐데 자꾸 미련이 남는다. 아직 여름이 오려면 조금 더 있어야 하는데 벌써 팔자니……. 가만히 생각을 하다가 밑져야 본전이라는 생각에 금나리에게 문자를 보냈다.

신명지의 두 번째 주식 매수

거래일 : 2008년 ○월 ○일
종 목 : S제과
단 가 : 150,000원
수 량 : 10주
투자액 : 1,500,000원

……이번엔 제발 Abracadabra!

[나리야, 지금 S제과 주식이 오르고 있는데 지금 팔면 아까울까? ㅠ.ㅠ 난 그냥 네 생각이 궁금해서. *^^*]

금나리에게 바로 문자가 날아왔다.

[마음대로 해. 그런데 난 지금 안 팔 거야.]

까칠한 대답이다. 하지만 지금은 안 판단다. 그래서 조금만 더 두고 보기로 했다. 남들은 친구 따라 강남 간다고 할 때 난 친구 따라 시작한 주식이니 친구 따라 안 팔기로 마음먹었다.

HTS 화면을 닫고 인터넷 포털사이트에 로그인하자 도착한 쪽지가 하나 보인다. 주식 동호회에서 '주식타짜'라는 닉네임을 가진 사람이 보낸 단체 쪽지다. 동호회를 들면 이런 점이 좋다. 내가 알려고 하지 않아도 던져 주는 알찬 정보가 있기 때문에. 어떤 동호회는 그날그날 좋은 종목까지 쪽지를 통해 추천해 주기도 한다는데 그건 못 믿겠다. 제멋대로 춤추고 널뛰는 주식을 신도 아니고 어떻게 알아서 추천을 한단 말인가.

하지만 '주식타짜'가 보낸 이런 쪽지는 피가 되고 살이 되는 고마운 정보다. 제목은 '피터린치처럼 투자하는 법'이다. 기대된다. 언젠가 주식 동호회 회원들이 올린 글을 보니 '주식타짜'라는 사람이 전설의 투자가라는 얘기가 있었다. 소문으로는 종자돈 100만 원으로 주식 투자를 시작해 10억을 만든 인물이라는 것이다. 아직 아무도 만나 보지 못한 모양인데 그가 던지고 가는 정보가 기가 막힌다고 한다.

'워렌 버핏'도 아닌 '피터 린치'가 누군지 모르지만 피터팬과 영화감독 데이비드 린치를 섞은 듯한 이 이름의 주인공은 분명 주식으로 대박 낸 어느 외국인일 테지. 군침까지 꿀꺽 삼키고 쪽지를 열었다. '백화점에 나가 보라.' 내용은 달랑 이게 전부다. 백화점에 나가 보라니, 무슨 스무고개를 하자는 것도 아니고 도대체 무슨 소리인지 알 수가 없다. 인터넷으로 '피터 린치'를 검색해 봤다.

이름 : 피터 린치, 출생 : 1944년 1월 19일,
출생지 : 미국, 직업 : 증권인.

사진 속 은발의 노신사가 월스트리트 역사상 가장 성공한 펀드매니저이자 마젤란펀드를 세계 최대의 뮤추얼펀드로 키워낸 '월가의 영웅'이란다. 그런데 그와 백화점이 무슨 관계가 있을까?

자료를 더 검색해 보니 피터린치는 일상생활 속에서 투자 종목을 찾았다고 한다. 아내가 좋다고 말한 스타킹 회사에 투자해 고소득을 올리고, 백화점에서 딸들이 열광하는 의류 회사의 주식을 사서 대박을 냈다고 한다. 아! 그래서 백화점에 가라는 말인가 보다.

그래? 그럼 오늘은 슬슬 신상 구경도 할 겸 백화점엘 가봐?

주식으로 돈 벌기 전까지는 절대 출입 금지라고 결심했던 백화점이 돈 버는 주식 종목을 결정해 주는 해결사라니 참 마음에 든다. 주식이라는 것 알면 알수록 매력 있네. 피터린치, 그 이름을 내 투자일기에 적어 둬야겠다.

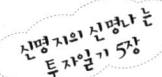

피터린치의 종목 선택 10계명

- 10루타 종목(10배 수익을 내는 종목)을 찾기 위해서는 발로 직접 뛴다.
- 다른 펀드매니저들이 손대지 않은 우량하지만 소외된 종목을 고른다.
- 성장성에 주목하여 미래의 PER(Price Earnings Ratio, 주가수익비율)가 낮아질 종목을 산다.
- 대중이나 기관의 선호 종목은 피한다.
- 자산 가치, 성장성이 양호한 종목을 찾는 노력을 한다.
- 하이테크 기술 기업보다는 그 기술을 이용하는 기업을 선택한다.
- 자사주를 사들이는 회사를 주시한다.
- 혐오감을 주는 사업 내용을 영위하는 기업을 선정한다.
  이유는 그런 사업은 경쟁이 적기 때문이다.
- 사람들이 꾸준히 사는 물건을 제조하는 업체를 산다.
- 지속적인 수익이 예상되는 소규모 업체를 주시한다.

Chapter 2
가계부를 들여다봐라

　　　　　　백화점에 가기 위해 화장을 하고 옷을 갈아입었다. 오늘은 시장조사를 하러 나가는 만큼 좀 지적으로 보이고 싶은 날이랄까. 오피스 걸 차림에 버버리 뿔테 안경으로 마무리했다. 그리고 조사 내용을 정리할 명품 다이어리―물론 짝퉁이지만 남들은 모르는―와 몽블랑 만년필도 챙겼다.

　들뜨고 즐거운 마음으로 집을 나서는데 거실에서 뭔가를 펴고 열심히 연구하는 엄마가 눈에 들어온다.

　"뭐야? 엄마도 가계부를 쓰나봐?"

　"요즘 물가가 너무 올라서 돈을 어디다 썼는지도 모르게 다 새는 것 같아서 가계부 좀 써보려고."

조금 전까지 친구의 불행에 눈물짓던 엄마가 이제 다시 주부 9단을 지향하는 본연의 모습으로 돌아온 듯하다.

"엄마, 이러니까 우리 엄마 같네."

"그래, 민자 아줌마는 힘닿는 대로 도울 거고 엄마도 우리 가족의 행복을 위해서 남은 인생 열심히 살아야지."

귀여운 우리 엄마, 그래서 제일 처음 생각한 것이 가계부였나 보다. 엄마의 깨알 같은 글씨를 쭉 따라가 보니 요리가 취미인 엄마 덕분에 우리 집은 먹는 것에 돈을 꽤나 쓰는 것 같다.

"우리 집 식비가 꽤 드나봐. 고작 세 식군데."

엄마의 가계부를 들여다보는 내 시선에 유독 과일, 고기, 국수, 밀가루, 쌀 등 마트에서 쇼핑한 품목이 눈에 들어온다.

"요즘 밀가루 값이 올라서 국수며 라면이며 과자, 안 오른 게 없다니까. 마트에서 몇 가지만 사도 10만 원이 넘으니 원."

여기서 문득 궁금한 점이 생겼다. 피터린치의 종목 선택 10계명 그 아홉 번째! 사람들이 꾸준히 사는 물건을 제조하는 업체를 산다. 그렇다면 이런 생필품과 식품들은 꾸준하게 팔리고 가격이 인상되어도 살 수밖에 없지 않은가?

그렇다면 식품 관련 주식들은 안정적이지 않을까? 아이들 과자에서 쥐 머리가 나오고 통조림에서 칼날이 나오는 등 식품 관련 사건들이 종종 터지기는 했지만, 지나고 보면 사건 직후 해당 식품 회사의 주식은 급락하는가 싶더니 얼마 지나지 않아 주가를 회복하고 결국에는 큰 영향이 없었다.

사람들이 늘 구입하는, 또는 구입이 늘고 있는 물건을 제조하는 회사의 주식을 사면 안정적이지 않을까? 주식 왕초보 신명지, 오늘 엄마의 가계부를 보며 "유레카!"를 외친다. 고대 그리스의 학자 아르키메데스가 왕의 새 왕관이 진짜 순금인지 알아내려 고민을 하던 중 목욕탕에서 넘치는 물을 보고는 부력의 원리를 알아내 '유레카'라고 외쳤듯이, 난 엄마의 가계부를 보고 주식의 흐름을 깨닫고는 '유레카'를 외친다.

오늘 백화점 시장조사는 다음으로 미루고 우울해하는 엄마에게 효도도 할 겸 제대로 된 가계부 시장조사도 할 겸 마트나 같이 다녀와야겠다.

신명지의 신명나는 투자일기 6장

좋은 주식 고르는 법
- **시장성**: 현재 인기가 오르고 있거나 많이 팔리는 제품이 무엇인지 시장의 흐름을 살펴라.
- **평소 관심 있는 분야**: 나 신명지의 경우 평소에 관심이 많았던 명품과 패션에 관련된 수입 유통 또는 의류업계 주식에 주목한다. 관심 있는 분야의 종목이 정보 수집에도 유리하기 때문이다.
- **동종 업계 대비 저평가**: 상장되어 있는 동종 업계의 회사에 대비해 저평가되어 있는 종목을 찾는다.

욕심 내지 말자, 과욕이 쪽박을 부른다

　내 두 번째 황금 거위, S제과의 주식은 그동안 꽤 많이 올랐다. 다른 해보다 일찍 찾아온 무더위와 물가 상승으로 아이스크림 가격도 오르면서 15만 원에 매수한 주식이 21만 원이 되었다. 서둘러 HTS에 접속해 매매 신청을 했다. 아직 여름이라 하기에는 좀 이른 감이 있었지만 이번 장마는 예년보다 빠를 거라는 일기예보를 보고 마음을 접은 것이다. 과연 장마철에도 아이스크림이 잘 팔릴까? 욕심을 거두기로 했다.

　장마가 오기 전 팔기로 한 것은 나만의 신중한 투자 방식이었다. 그래서 내 투자는 성공을 거두었다. 다행히 주가가 꾸준하게 오르는 중이라 10주는 순식간에 팔려 나갔다.

　S제과 주식을 15만 원에 사서 21만 원에 팔았으니 6만 원의 이익을 본 것이다. 10주니까 60만 원! 2주간의 투자로는 정말 성공적인 셈이다.

　슬쩍 금나리에게 물어봤더니 금나리는 S제과의 주식을 아직 가지고 있는 모양이다. 어쨌든 내 첫 투자로 잃은 손실금을 두 번째 신중한 투자로 메웠다는 사실이 자랑스러웠다. 이만하면 나도 주식에 소질이 있는 것 같다.

　오늘은 퇴근길에 엄마가 좋아하는 한우 치맛살이나 한두 근 사 가야겠다. 전에 팀 회식비로 날린 18만 원까지 이번 투자로 싹 만회했으니 식구들을 위해 한턱내는 걸로 이 기쁨을 나누리라.

　한편으로 나는 이번에는 금나리를 믿고 배짱을 부려 이익을 많이 봤지만 이제는 −5, +10의 매매 법칙을 꼭 지키겠다고 마음먹는다. 왜냐? 나는 안전하게 오래 가야 하는 개미 투자자니까.

신명지의 두 번째 주식 매도

거래일 : 2008년 ○월 ○일~
○월 ○일−약 2주
종　목 : S제과
매수가 : 150,000원
매도가 : 210,000원
수　량 : 10주
수익금 :
2,100,000원−1,500,000원
=600,000원(−수수료)

　며칠 후 비가 계속 쏟아지고 우중충한 하늘처럼 우리의 주식 여왕 금나리 양의 심기도 꾸물꾸물 좋지 않아 보였다. 말을 시켜도 영 시큰둥한 금나리. 그녀가 왜 그러는지 난 곧 알게 되었다.

내 주먹구구식 예감이 적중했는지 장마와 함께 S제과의 주가가 차츰 하향세를 보이고 있었기 때문이다. 내가 21만 원에 매도를 했는데 어느새 매수했던 15만 원 대로 돌아와 있었다. 원숭이도 나무에서 떨어진다더니. 천하의 금나리가 믿었던 주식에 발등을 찍혀 버린 것이다. 흐흐.

난 내가 참 착한 줄 알고 살아왔는데 슬슬 기분이 좋아지는 걸로 봐서는 꼭 그렇지만은 않은 것 같다. 새어 나오는 웃음을 꾹 참으며 상심한 나리를 위해 따뜻한 카라멜 마키아또 한 잔을 준비한다.

그리고 속으로 말해 주리라.

'나리야, 과욕은 쪽박을 부른단다!'

Chapter 2
쓰레기통을 뒤져라

요즘 나 신명지는 방송국 매점이나 근처에 있는 편의점 쓰레기통을 들여다보는 취미가 생겼다. 뭐 이런 더럽고 추잡한 취미냐 하겠지만 이 또한 주식 공부다.

귀신 씻나락 까먹는 소리에 개 풀 뜯는 소리라고 하겠지만 내가 이러는 것은 주식 동호회의 전설 '주식타짜'에게서 온 쪽지 때문이다.

'피터린치처럼 투자하는 법' 이후에 두 번째로 보낸 쪽지의 제목은 바로 '돈 버는 종목을 원하는가?'였다.

기대를 잔뜩 하고 쪽지를 열어 봤더니 아니나 다를까 카리스마 작렬하는 한 문장이 적혀 있다.

'쓰레기통을 뒤져라!'

도저히 무슨 소리인 줄 몰라서 정 피디에게 물어봤다.

"글쎄요. '주식타짜' 그 사람이 워낙 괴짜라는 소문이 있어서……. 쪽지도 그렇게 수수께끼처럼 보내더라고요. 동호회 회원 중에도 그 쪽지를 해석하려고 애쓰는 사람들이 많은데 전 그냥 무시해요. 저도 처음에는 풀어 보려고 신경을 많이 썼더니 오히려 그게 더 괴롭더라고요."

"그래요."

정 피디는 도움이 안 된다. 쳇! 지난번 '피터린치처럼 투자하는 법'은 내가 그 수수께끼를 풀었네, 이 사람아. 날 주식 왕초보에 개나 소와 동급 취급을 하더니 나보다 나은 게 없지 않은가.

그렇다. 난 아직도 그 화장실 사건의 범인이 정 피디라는 것에 의심을 풀지 않았다.

그래서 그런지 정 피디가 예전처럼 샤방샤방해 보이지만은 않는다. 웃을 때 한쪽 입 꼬리가 더 많이 올라가는 것도 같고, 몸에 비해 팔뚝이 너무 두꺼운 것 같기도 하고, 머리에 왁스칠을 너무 과하게 하는 것 같기도 하고…… 이제는 슬슬 단점이 보이려고 한다.

'그래 어차피 내가 까칠녀 금나리를 벤치마킹하려면 금나리에게 정 피디를 밀어줄 수밖에…….'

예전에 내가 첫사랑 남자에게서 차이고 들어와 울 때 엄마가 그러셨다.

'여자는 능력만 좋으면 그 다음에 남자는 자연히 따르는 것이라고.'

그래, 난 그 말을 믿는다. 내가 지금은 비록 능력이 조금 모자라서 남자 친구가 없지만, 서른한 살 내 나이에 남자보다는 돈이다!

별 도움이 안 되는 정 피디를 뒤로하고 책상에 앉아 연예 기사를 서핑하는 척하면서 주식 동호회 사이트들을 서핑했다.

오호라, '주식타짜'가 이번에 던진 쪽지는 다들 어려워하는 모양이다. 풀다가 짜증난 듯한 어떤 회원은 욕만 해놓고 갔다가 테러 수준의 단체 공격을 당하고 있었다.

'쓰레기통을 뒤져라!'

'주식타짜'는 왜 더럽게 쓰레기통을 뒤지라고 했을까?

내 옆에 놓인 사무실 쓰레기통을 봤다. 종이, 휴지, 종이컵, 팀장이 마신 숙취 해소 음료의 빈 캔, 커피와 녹차 포장지 등등 별 게 없다. 여긴 사무실인 만큼 일회용품들이 많이 쓰이고 버려진다.

그렇다면 다른 쓰레기통은 어떨까? 가까운 방송국 매점의 쓰레기통으로 달려가 그 안을 들여다봤다. 온갖 군것질거리의 포장지들과 음료수 캔들이 가득했다. 그렇지, 여긴 대체로 뭘 마시거나 먹기 위해 오는 사람들이 많으니 쓰레기통이 이럴 수밖에.

그로부터 난 며칠 동안 그 수수께끼를 풀기 위해 온갖 쓰레기통을 다 뒤졌다. 물론 화장실 휴지통만은 통과! 참 묘할 것이다. 페라가모 구두에 도나카렌 원피스를 입은 여자가 쓰레기통만 들여다보고 다니는 모습이……. 모르는 이가 보면 집이 좀 사는 광녀로 보지는 않을까?

오늘도 편의점에서 드링킹 요구르트를 하나 사서 빨대를 탁 꽂은 후 빈 껍질도 버리고 구경도 할 겸 쓰레기통으로 갔다. 쓰레기통은 뚱뚱하고 게을러 보이는 편의점 아르바이트생의 몸집처럼 비운 지 오래되어 쓰레기가 넘쳐나고 있었다. 분리수거가 잘 되어 있는 다른 편의점의 쓰레기통들에 비해 이곳의 쓰레기통은 캔류와 일반 쓰레기가 마치 행위예술을 하듯 아슬아슬한 담 쌓기 놀이를 하고 있었다. 나도 그 위에 구겨진 빈 껍질을 버린다.

"웬 옥수수수염차 용기가 이렇게 많지? 다들 신장이 안 좋은가?"

비 맞은 땡중처럼 중얼거리는 나. 예전에 엄마가 신장이 약하다는 이유로 경동시장 약재상에게 옥수수수염을 사서 말려 차를 끓여 드시는 것을 본 적이 있다. 옥수수수염차가 음료처럼 나온 건 알았지만 이렇게 종류가 많고 인기 음료인 줄은 몰랐다.

맛이 괜찮은가? 다이어트 효과도 있다던데 나도 한 번 도전해봐? 냉장고로 가서 용기 디자인이 제일 세련된 옥수수염차 하나를 집어 들었다. 계산대에 내려놓자 뚱뚱한 편의점 아르바이트생이 친한 척 말을 건다.

"요즘 이 음료가 유행인가 봐요. 잘 팔리네."

"그래요."

시답잖게 생긴 그에게 난 더 시답잖은 대꾸를 해줬다. 편의점을 나오면서 뚱뚱한 아르바이트생과 넘치는 쓰레기통을 번갈아 쳐다봤다. 순간 나의 영특한 뇌리를 스쳐가는 것이 있었다. 그렇다. 쓰레기통의 열쇠는 바로 옥수수염차다!

요즘 웰빙 바람으로 이런 저칼로리 기능성 자연 음료가 많이 팔리니까 쓰레기통에 그 용기들이 넘쳐나는 것이다. 빙고! 음료가 잘 팔리면 그 음료를 개발한 회사는 영업이 잘될 테고 이미 특허까지 따 놓았을 테니 주식의 호재를 갖추고 있는 것이다.

오, 마이 히어로! '주식타짜' 님께서 주신 수수께끼는 쓰레기통 안에서 경제가 보인다는 돈 주고도 못 사는 귀한 정보였다.

HTS로 내가 산 옥수수염차를 만든 음료 회사 H의 주식을 살펴봤다. 최근 서서히 주가가 올라가는 중인데 날씨가 더 더워

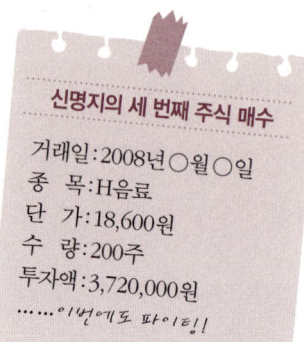

지면 매출이 더 늘 것이고 주가는 당연히 더 오를 게 분명하다. 이만하면 이제 투자자 같은 포스를 내뿜는 신명지가 아닌가!

점점 지구가 온난화되어 간다더니 아직 여름 문턱에도 안 왔는데 날이 푹푹 찐다. 날이 찔수록 나의 계좌도 살이 쪄 갈 것이다! 하하하. 즐거운 마음으로 S제과에서 번 돈을 모두 올인, '몰빵' 해 버렸다. 그리고 주식 투자 금액을 500만 원으로 늘려 잡기로 했다.

이번 여름은 더도 말고 덜도 말고 김 잘 오른 찜통만 같아라.

Chapter 2
분산투자 2030 법칙

　이게 어찌된 일인지 며칠째 비만 내린다. 초여름인데도 날씨는 긴팔을 입지 않고서는 썰렁해서 못 다닐 지경이다. 아니나 다를까 내가 산 H음료 주식은 조금씩 서늘해지는 체감온도처럼 하향세를 보인다. 이 서늘한 날, 나는 열불 나는 속을 조금이라도 식혀줄 아이스 카라멜 마끼아또를 앞에 두고 스타벅스 창가 자리에 혼자 앉아 있다.

　방송국에서 간간이 아는 얼굴의 피디와 작가들이 나오는 모습을 대수롭지 않게 바라보고 있는데, 갑자기 하늘이 어두워지는 듯하더니 후드득 빗방울이 떨어지기 시작했다.

　참으로 점입가경이다. 비오는 날 소금 장수 아들을 둔 어미의 심경이랄까. 한숨이 절로 나오는데…… 비에 젖은 정 피디가 어느새 내 앞에서 옷에 묻은 비를 털어내고 있다.

정말 가만히 앉아서 혼자 사색을 좀 즐겨 보려 했더니 도움이 안 되네.

"여기서 뭐하세요? 집에 안 가요?"

"가야죠."

내 대답은 다른 때와 달리 딱딱하고 짧다.

"비 오는 창밖을 넋 놓고 보는 여자, 이마에 고민 많습니다, 라고 쓰여 있는데요?"

난 그냥 피식 웃는다.

"맞춰 볼까요? 주식 때문이죠?"

피디 그만둬도 돗자리 하나만 있으면 점 보면서 먹고 살겠다. 족집게시네.

"왜요? 전 재산 몰빵한 주식이 바닥을 치기라도 했어요?"

점점 갈수록 더 정확하게 짚어주는구나. 조금 있으면 우리 집에 사과나무나 대추나무가 있는지 묻겠군. 엉터리 점쟁이들 수법 중에 집에 사과나무가 있냐고 물었다가 있다고 하면 일이 안 되는 게 사과나무 때문이라고 하고, 없다고 하면 없어서 다행이라고 하고. 대강 때려 맞출 때 쓰는 수법이지.

"도사다! 이렇게 생각하고 있죠? 다음 단계가 뭔 줄 아세요? 집에 사과나무 있어? 있으면 큰일이고, 없으면 다행이야.

하하하하."

미안하다. 내가 네 썰렁한 개그에 웃어줄 기분이 아니란다.

"명지 작가 진짜 심각한가 보다. 정말 올인한 거예요? 주식 투자는 종목당 자산 대비 절반이나 30% 이상 집어넣으면 쪽박 차기 십상인데. 한 종목당 20% 정도만 투자하는 게 좋아요. 한 번에 세 종목 이상 투자하지 말고 살 때도 한 번에 사기보다는 5%나 10%씩 나눠서 사는 게 좋대요. 물론 저도 잘 지키지는 못하죠. 금방 오를 것 같은 주식을 어떻게 20%만 사요? 그래서 주식이 심리전이라잖아요."

다른 때 같으면 고맙다고 메모라도 하겠지만 오늘 난 그럴 기분이 아니다. 내가 아무런 반응을 보이지 않자 정 피디가 겸연쩍은 미소를 짓는다.

"많이 떨어졌어요? 비싼 수업료 냈다고 생각하고 기분 풀어요."

난 대답 대신 자리에서 일어나 한 마디 했다.

"날 추운데 따뜻한 커피 한 잔 하실래요?"

커피를 얻어 마신 정 피디는 나에게 한 가지 방법을 조언했다.

"여윳돈 있으세요? 있으면 지금 그 떨어진 주식을 사세요."

애가 지금 불난 데 부채질을 하는구나. 안 그래도 주가가 떨어져서 있는 주식도 팔까 말까 하고 있는데 거기다 남은 돈으로 주식을 더 사라고? 당황스러울 뿐이다.

나의 매서운 눈초리를 알아챘는지 정 피디는 특유의 살인미소를 보낸다. 하지만 지금은 안 통한다. 살인미소가 아니라 연쇄살인 미소, 대량학살 미소라도 지금 기분에서는 영 그렇다.

"어렵죠? 지금 떨어진 가격에 그 주식을 추가 매수하면 평균 매수 단가가 낮아지잖아요. 이걸 '추매'나 '물타기'라고도 하는데요, 가만있자……."

정 피디는 노트를 꺼내 뭔가를 열심히 그려댔다.

"이건 초보들은 잘 안 하는 위험한 방법이기도 한데 알려만 드릴게요. 처음 살 때 만 원에 100주를 산 주식이 떨어져서 이제 5,000원이면 해당 주식을 또 100주 사는 거예요. 그러면 평균 매수 단가가 7,500원이 되죠? 이렇게 매수가를 낮추는 거예요."

	주가	수량	합계
1차 매수	10,000원	100주	1,000,000원
추가 매수	5,000원	100주	500,000원
최종 매수(계)	7,500원	200주	1,500,000원

"그게 나하고 무슨 상관인데요?"

"매수가를 낮추면서 추이를 지켜보는 거죠. 지금 단기적으로 내려간 종목이라면 '추매'를 통해서 손실을 메울 수가 있어요."

그래, 무슨 말인 줄은 알겠는데 나 같은 주식 초보가 '물타기'를 하다가 그 물에 휩쓸려 익사하는 수가 있단다.

정 피디의 겸연쩍은 살인미소에 나오는 건 한숨 뿐이다.

나는 나의 세 번째 황금 거위, H음료의 주식을 결국 −5% 손절매가에서 더 많이 떨어지기 전에 팔아야 했다.

이번 손해의 원인을 곰곰이 생각해 보니 내 경솔한 판단이 문제였다. 각 지역의 편의점마다 쓰레기의 종류는 다를 텐데 방송국 앞 편의점의 쓰레기통 하나만을 집중 공략한 내 잘못이었던 것이다. 앞으로는 더 신중을 기하는 투자를 해야겠다.

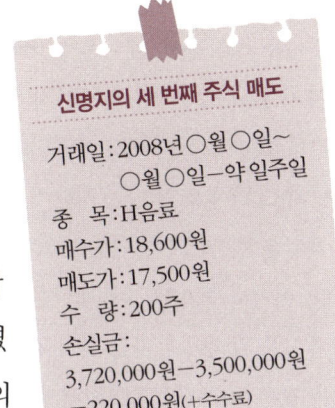

신명지의 세 번째 주식 매도
거래일 : 2008년 ○월 ○일~
　　　　○월 ○일-약 일주일
종　목 : H음료
매수가 : 18,600원
매도가 : 17,500원
수　량 : 200주
손실금 :
3,720,000원−3,500,000원
=220,000원(+수수료)

신명지의 신명나는
투자일기 7장

잘못된 투자를 했을 때

−5%의 하락이 보이면 손절매하는 게 유리하다.
원금을 지키는 것은 주식 투자에서 가장 중요한 일이다. 워렌 버핏 등 위대한 투자자들이 공통적으로 말하는 성공한 투자는 간단히 말해 돈을 잃지 않는 투자라는 것을 명심하자.

주식 초보자를 위한 TIP

분산투자

　주식 투자 원칙에 '계란을 한 바구니에 담지 말라'는 말이 있다. 이 말은 특정 종목 하나에만 투자하지 말고 여러 종목에 나누어 투자하라는 뜻이다. 계란을 여러 개의 바구니에 나누어 담으면 설령 바구니 하나가 떨어져 그 안에 담겨 있는 계란이 깨질지라도 나머지 바구니에 담겨 있는 계란은 무사할 수 있다는 논리다.

　단, 여기서 중요한 것은 계란을 나누어 담을 바구니의 모양, 크기, 재질이 모두 달라야 한다는 것이다. 만약에 계란을 나누어 담은 바구니가 모두 같은 바구니라면 어떻게 될까? 떨어지는 충격이 같다고 전제했을 경우, 한 바구니가 깨지면 나머지 바구니들도 모두 깨진다고 보는 것이 옳다. 즉 분산투자 효과가 전혀 없는 셈이다. 따라서 계란을 각각의 바구니에 나누어 담되, 각각의 바구니가 모두 달라야만 제대로 된 분산투자 효과를 얻을 수 있는 것이다.

　또 흔히들 '한 바구니'라고 하면 종목으로만 생각하는 경향이 있는데, '한 바구니'에는 종목뿐만 아니라 '기간'도 포함된다. 시시각각으로 변하는 것이 주식 시세다. 내가 매수한 시점이 주식 시세가 높은 때일 수도 있고 낮은 때일 수도 있는 것이다. 물론 낮은 시세일 때 매수한다면 더 좋을 것이 없겠지만 시시각각으로 변하는 주식시장에서 그 시점을 찾는다는 것은 주식 고수들도 어렵다. 따라서 기간을 두고 분할 매매를 하는 것이 안정적이다.

Chapter 2

주식 통장을 내 마음대로 디자인하라

띵동, "357번 손님!"

창구에서 내 손에 쥐어 있는 번호표의 번호를 부른다.

H음료로 22만 원의 손해를 봤지만 주식 동호회의 '정팅' 때 들은 풍월로 산 우량주, 포털사이트 P사의 주식을 매매해서 20만 원 정도 수익금을 얻었다.

더 오른다는 투자자들의 전망이 있었지만 '첫술에 배 부르랴', '천 리 길도 한 걸음부터'라는 옛말을 떠올리며 매도를 했다.

그래서 얻은 수익금이 20만 원 정도. 일단 원금에는 손해가 없었으니 천만다행이 아닐 수 없다.

나는 수익금만 따로 관리하는 통장을 만들기 위해 은행을 찾았다.

새로 만든 통장에 20만 원이 깔끔하게 찍혀 나온 걸 보니 기분이 산뜻해졌다.

내가 수익금 통장을 마련하게 된 이유는 까칠한 금나리가 수익금을 꼭 다른 통장에 분산해 두라고 조언해준 덕분이다. 그래야 얼마를 번 것인지 계산도 나오고 원금에 대한 개념도 바로 잡힌다고.

물론 나리가 이런 알찬 정보를 공짜로 줄 성격은 아니다. 내가 약을 적절하게 친 결과지.

P사이트의 주식을 매도한 날, 정 피디는 자신의 생일이라며 우리 팀의 몇 명을 저녁 식사에 초대했다. 1차로 고깃집에서 소주에 삼겹살을 먹은 뒤 유부남 피디들은 집에 일이 있다며 가버리고 팀장과 나, 금나리만 정 피디 앞에 남아 있었다. 이때, 절호의 기회를 포착한 내가 금나리를 위해 담배 사러 간 팀장을 빼돌린 거다. 정 피디가 2차 자리를 물색하는 중 나리에게 눈짓을 하고는 담배 사러 편의점에 간 팀장에게 다들 집에 들어가기로 했다며 거짓말을 했다. 그렇게 금나리와 정 피디, 둘만의 시간을 마련해준 것이다.

다음 날, 퇴근을 하려는데 금나리가 가까운 데서 치킨에 맥주나 한 잔 하자며 안 하던 짓을 했고, 난 바삭바삭한 치킨과 톡 쏘는 생맥주의 유혹에 그만 넘어가 버렸다.

나리를 알고 지낸 지난 1년간, 둘이서 커피는 숱하게 마셨지만 이렇게 단둘이 술을 마시는 건 이번이 처음이다.

어색함에 내가 먼저 말을 꺼낸다.

"어제 정 피디랑은 좋았어?"

"당연하지."

"둘이 뭐했는데?"

"분위기 좋은 데 가서 한잔하고 얘기도 하고……. 그런데 너 은행은 갔다 왔어?"

자랑스럽게 고개를 끄덕였다.

"축하해. 첫 수익금으로 통장 개설한 걸."

나리가 먼저 건배를 권했다. 정 피디와 좋았다는 말에 살짝 맘이 상하기는 했지만 수익금 통장을 생각하니 곧 기분이 좋아졌다.

나리는 벌써 맥주 반 잔을 다 비웠고, 얼굴이 발그레 달아올라 있다.

아차, 까칠녀 금나리는 다른 것들은 나보다 나을지 몰라도 단 하나, 술 마시기에서는 당최 게임이 안 된다. 저 500CC 한 잔이면 아마 집까지 기어가야 할 정도니까.

그럼 난? 맥주는 음료다. 보리 음료! 갑자기 나리가 걱정됐다.

"너, 오늘 과음한다. 무슨 이유라도 있어?"

나리는 금방이라도 초점을 잃을 듯 아슬아슬한 눈빛으로 나를 바라본다.

"그럼! 오늘 기분이 너무 좋거든. 정 피디가 글쎄 나를 좋아한다고 그러더라."

그랬구나. 어쩐지 금나리가 나에게 선뜻 술을 사겠다고 할 때부터 이상했다. 짝사랑을 이룬 금나리, 그래서 축하주로 한 잔을 하고 싶었나 보군.

"그래서? 사귀기로 했어?"

"누가? 내가? 정 피디랑? 아니, 아직 결정 안 했어. 프러포즈 받고 바로 오케이 하면 여자가 좀 가벼워 보이잖아. 하하하."

웃으면서 술잔을 들이키는 금나리. 좋긴 무지 좋은가 보다. 안 하던 짓을 다 하고.

"나리야, 취한 거야? 힘들면 집에 갈래?"

이때 나리는 나의 뒤통수를 치는 한 마디를 던진다. 듣지 말았어야 할 이야기였다. 귀라도 틀어막을 걸 하는 후회가 된다.

"내 핸드백하고 구두 50%, 아니 정확히 70%는 짝퉁이다. 하하, 요건 몰랐지? 넌 다 진짜만 들고 다니더라. 그래서 어디

돈 모으겠니? 사람들은 짝퉁도 내가 들면 다 진짜라고 생각하더라. 하하하하하!"

뜬금없이 묻지도 않았는데 이게 웬 폭탄선언이냐.

"네가 우리 집 와서 입다가 고이 개 놓고 간 트레이닝복도 동대문에서 만 원 주고 산 거라고. 너도 감쪽같이 속았지?"

나리는 오늘 들고 온 에르메스 버킨백을 테이블에 턱 올려놓는다.

"이거 얼만 줄 알아? 홍콩에서 30만 원 줬어. 물론 짝퉁이지. 진짜는 1,000만 원이 넘는데 내가 부잣집 딸이냐."

헉, 부잣집 딸이 아니란 말이야? 그럼 내가 본 건 다 뭐란 말인가. 그 럭셔리한 오피스텔의 명품 가구들이 다 신기루였나?

"그럼 네 오피스텔은?"

"물론 그것도 내 것이 아니지. 우리 사촌이 유학을 갔는데 3년 동안 관리해 주면서 사는 중이야. 내가 아니라 사촌 집이 잘사는 거지. 내 나이에 그런 오피스텔이 어울리기나 하니?"

속았다. 한순간에 나의 벤치마킹 대상이었던 금나리가 은나리, 아니 동나리가 되어 버렸다.

재력가 부모 밑에서 태어나 명품 화장품을 니베아 바르듯이 바르고 명품 가방을 시장 가방으로 삼으며, 에비앙 생수로 목욕을 즐길 것 같은 그녀가 온통 짝퉁만을 휘감고 있는 얼마니, 구짜, 팔에감어, 동나리였다니……. 충격에 휩싸인 내 얼굴을 유심히 보던 그녀가 이번에는 위로를 하듯 말한다.

"그래도 내가 갖고 있는 몇 개 안 되는 진짜 명품들은 다 주식으로 산 거야. 물론 팀장 말대로 철강 주식을 잘 사서 10배, 10루타를 친 경험도 있지. 그나저나 너, 통장은 몇 개나 있니?"

"그러니까 월급 통장하고 MMF 통장까지 세 개?"

"내 말대로 주식 수익금은 따로 통장을 만들어서 모으고 있는 거지?"

"그러려고 해."

"난 주식 수익금을 모으는 통장이 네 개야. 하나는 명품, 하나는 여행, 하나는 엄마 용돈 통장, 마지막 하나는 손실금 때우는 통장. 네 개를 가지고 돈 만 원의 수익이 나도 똑같이 나눠 넣고, 100만 원의 수익이 나도 역시 똑같이 통장에 나눠 넣는 거야. 통장들의 용도가 다 다르니까 액수가 차면 용도에 맞게 쓰고 또 채워 넣고……. 여태껏 이 재미로 살았어."

그래. 주식 투자의 가장 기본이 되는 것은 통장 관리라고 어디선가 주워들은 것 같기도 하다.

저럴 때는 똑 부러지는 금나리 원래의 모습인데 아까 짝퉁 이야기를 늘어놓던 동나리는 뭐란 말인가. 혼란스러워 하고 있는데 금나리는 잔에 남은 맥주를 원샷 하고는 한 마디를 남기고 쓰러졌다.

"통장은 나눌 수 있지만 남자는 나눌 수 없는 거야."

나는 취해서 헛소리를 찍찍하던 동나리를 택시에 겨우 태워 오피스텔 앞까지 바래다주고 집으로 돌아왔다. 맥주는 달랑 한 잔 사주면서 나에게 그 많은 충격을 주다니. 역시 금나리는 가까이 하기엔 벅찬 상대다.

그래도 나리가 취중에 중얼댄 말 중에 건질 것은 있었다. 나도 수익금 통장을 나눠야겠다.

그러면 각 5만 원씩 나눠 넣을 수 있겠네. 통장 네 개가 살쪄 가는 모습을 보면서 나도 삶의 낙을 찾으리라.

신명지의 주식 수익금 분산 통장
1. 명품통장
2. 가족 경조사용 통장
3. 미래의 남자 친구를 위한 통장
4. 손실금 해결통장

투자 통장 관리법
- 수익금 통장은 용도에 맞게 적절히 나누어 관리한다.
- 증권 계좌에는 항상 원금만을 남겨 놓는다. 그래야 이익과 손실이 한눈에 보인다.
- 증권 계좌와 수익금 통장의 잔고는 수시로 파악하고 있어야 한다.

Chapter 2
하루 10분 투자가 대박을 낚는다

　　　　요즘 주식 투자에 매달리느라 연예인 섭외 관리를 해주지 않았더니 발등에 불이 떨어졌다. 연예인 하나가 펑크를 내고 만 것이다. 말로는 아프다는 소식을 전해 왔다는데 다른 피디들이 말하길 아마 해외에 큰 행사가 있어서 거기 가려는 모양이라고 했다.

　이유야 어떻든 녹화 이틀 전에 펑크를 낸 연예인을 원망할 겨를도 없이 부랴부랴 새로 섭외를 하고 그 연예인에 맞춰 콘셉트를 다시 잡고 대본을 고치느라 정신이 하나도 없었다. 이쯤에서 새로운 황금알을 낳아줄 주식을 슬슬 물색해야 하는데 일이 꼬인다, 꼬여!

대략 급한 불만 끄고 나온 시간이 11시. 지하철이 간당간당하기에 택시를 잡아탔다.

50대쯤 되었을까? 점잖은 외모의 택시 기사 아저씨는 오래된 팝송을 틀고 흥얼대다가 내가 타자 볼륨을 살짝 낮춰 주었다. 택시 뒷자리에 기대 은근한 멜로디의 올드팝을 듣자니 긴장도 탁 풀리고 피곤이 밀려드는 것 같다.

이제 집에 가서 씻고 내 침대에 폭 파묻혀야지, 행복한 상상을 하고 있는데…….

"이런, 목동은 이 일방통행이 사람을 괴롭힌단 말이야."

기사 아저씨의 언짢은 투덜거림이 들린다. 차창으로 고개를 돌려 보니 일방통행 도로에 쭉 늘어선 자가용들 때문에 도로는 때 아닌 러시아워를 겪고 있었다.

"어머, 여기는 웬 차가 이렇게 많아요?"

밤 11시 넘어 뭐 볼거리가 있다고 차들이 이렇게 늘어서 있는지 이 시간에 차를 잘 타고 다니지 않는 나는 이 도로의 풍경이 생소했다.

"아가씨, 여기 몰라요? 우리 아들도 여기 다녀서 좋은 대학 갔는데. 요즘 뜨고 있는 학원이잖아요. 학원이 아니라 이제 그룹 수준이 됐지, 아마?"

간판을 보니 그래 들어본 듯하다. N스터디. 나는 형식적으로 고개를 끄덕였다. 이 시간까지 입시의 중압감에 시달리며 학원가를 전전하는 아이들이 안쓰럽기도 했지만 지금은 그보다도 지친 내 몸이 더 안쓰러웠다.

"여기 몇 년 전에 코스닥 상장하고 이제 주가도 꽤 올랐다고 하던데……."

헉, 주가라고? 코스닥이라는 말에 닫혔던 귀가 번쩍 열렸다.

집에 도착하자마자 피곤을 무릅쓰고 인터넷을 먼저 살폈다. 포털사이트에서 N스터디를 검색하고 많은 지점의 사이트에 들어가 본 후 주가를 살폈다.

현재가 17만 2,000원. 무슨 입시학원 주식이 이리도 비싼가? N스터디는 코스닥에 상장되고 지난 4년간 가파른 오름세를 보이며 빠르게 성장하고 있는 주목할 만한 종목이었다. N스터디, 며칠간 분석해서 다음 투자 종목 리스트에 올려 보기로 마음을 먹는다.

슬슬 눈꺼풀의 무게가 나를 압박해 온다.

피곤했는데도 일찍 눈이 떠져 버린 나는 출근하려면 한참 멀었는데도 다시 잠이 오지 않아 조깅복 차림으로 밖을 나섰다.

새벽이라 밖은 아직 어둑어둑하다. 아파트 단지를 두 바퀴만 뛰고 다시 들어가 자야겠다. 다이어트의 결심은 방송국에서 쓰러져 정 피디에게 끌려간 병원에서 빈혈 진단을 받으면서 산산조각이 나 버리고 포기하고 있었는데 오랜만에 조깅을 하니 기분도 좋고 스스로 기특하다는 생각도 든다.

이렇게만 몸이 가벼우면 곧바로 태릉으로 달려 들어가도 될 정도다. 장거리 육상 선수 신명지, 이름도 잘 어울리네.

하지만 얼추 10분이 흐른 후, 나는 극도의 어지러움을 느끼고 헛구역질까지 하며 아파트로 기어 들어오고 있다. 역시 운동 부족에 빈혈이 문제다. 철분약이나 한 알 삼켜줘야겠다.

지친 몸을 이끌고 엘리베이터에서 내리는데 어떤 남자가 우리 집 현관 앞에 뭔가를 던져 놓고 후다닥 계단으로 사라진다.

뭐지? 경계를 하며 그자가 두고 간 물건을 보니 다름 아닌 스포츠 연예 신문이다.

1면에는 이름도 알지 못하는 축구 선수들이 푹 젖은 머리로 인조 잔디 위를 달리고 있는 사진이 대문짝만하게 실려 있다.

신문을 들고 집으로 들어오니 엄마는 이른 아침부터 된장찌개를 끓이면서 식사 준비를 하고 있다. 이 시간에 현관문을 열고 들어오는 나를 보자 엄마는 습관처럼 소리를 지른다.

"이제 퇴근하시나? 또 얼마나 술을 퍼 먹었기에 이 새벽에 기어 들어와!"

엄마는 일단 소리를 질렀지만 내 차림새가 이상하다 싶은지 다시 도마 위 두부로 시선을 돌렸다.

"왜 그래 엄마. 잠 덜 깼어? 딸내미가 기껏 아침 운동하고 오는데 무슨 악담이셔요."

엄마는 말이 없다. 그래 우리 엄마의 특징은 미안할 때 못들은 척 귀를 닫고 말이 없다는 것이다. 괜히 소리를 질러서 미안한 모양이다.

"엄마, 우리 집에서 보는 신문 경제 전문지로 바꾸면 안 돼?"

나는 스포츠 신문을 뒤적이며 소파에 누웠다.

"왜 언제는 연예 프로를 하니까 스포츠 연예 신문이 필요하다면서 이제는 왜? 경제 프로로 옮기려고?"

내가 그랬나? 신문 본 지 참 오래된 것 같은데 우리 집에서 나 때문에 스포츠 신문을 구독하고 있었구나.

"암튼 경제 전문지로 바꿔줘."

스포츠 신문 사이에 주식에 관한 뉴스가 조금 나와 있었다. 신상품을 개발한 소규모 전자 회사를 대기업에서 지원한다는 내용이다.

하지만 이미 뉴스에 난 종목은 다 오른 뒤라는 것쯤은 주식 초보 신명지도 알고 있다. '소문에 사서 뉴스에 팔아라!' 이 정도는 기본이지.

주식으로 돈을 번 사람들의 대부분은 다들 경제에는 박사 수준의 상식과 정보를 가지고 있다는 것을 알았다. 가까운 곳에서 봐도 금나리와 정 피디는 둘이 있을 때 경제 얘기를 나눈다. 나는 전혀 해독이 불가능한 ADB나 EB, ODA 등의 암호 같은 경제 용어를 쓰면서 진지하게 토론도 하고 웃기도 한다.

그럴 때 나는 옆에서 노트북으로 검색하면서 뒷북친다.

내가 ADB는 아시아개발은행이고, EB가 교환사채, ODA는 정부개발원조라는 것을 알고 나면 이들은 이미 다른 얘기를 하는 중이다. 한 마디로 무식해서 대화에 끼어들 수 없는 굴욕의 시간이다.

그것보다 더 최악의 굴욕 사건도 있었다.

모처럼 팀장이 점심으로 자장면을 사던 날, 후식으로 나온 달달한 리치를 이쑤시개에 꾹 찍어 입에 넣으려는데 팀장과 정 피디가 난데없는 '감자' 얘기를 했다.

요즘 주가조작 혐의에 오른 한 은행이 허위 주식 감자설을 퍼트렸다느니, 감자는 아예 없는 얘기였다느니 하는 이야기였다. 주식 감자설? 이건 또 뭐람? 요즘 슬슬 주식에 재미를 붙여가는 나로서 그냥 지나칠 수 없는 대목이었다.

"농산물의 가치가 오르면서 감자에도 주식이 생기나 봐요?"

내 눈처럼 희고 순박한 한 마디에 중국집은 떠나갈 듯 시끄러워졌다. 대놓고 웃어대는 팀장에 코웃음 치는 나리, 얼굴이 벌게지며 웃음을 참는 정 피디 등 모두 가관이다.

내가 뭔가 말실수를 한 게지. 그 감자는 먹는 감자가 아닌가 보다.

팀장은 그 후 며칠 동안 "감자 주식은 어디서 파나? 농협에 가서 사나?" 이러면서 제풀에 지칠 때까지 놀려댔고 난 인터넷 검색을 통해 그 잘난 감자의 뜻을 뇌 속에 새겨 놓았다.

뭐 이런 일이야 기억이 다 안 날 정도로 부지기수다.

영화〈프리티우먼〉을 보면 부자 기업가 리처드 기어를 따라 파티에 간 창부 줄리아 로버츠가 이야기에 끼어들지 못하고 쓸데없는 행동을 하는 장면이 바로 내 처지와 비슷하다고나 할까. 참, 줄리아 로버츠는 예쁘기라도 하니까 용서가 되지. 소위 주식 투자 좀 한다는 내가 간단한 경제 용어도 몰라 대화가 안 된다면 말이 되나. 이제부터 경제 뉴스에 관심을 가지기로 했다.

아침에 10분만 투자해 경제 일간지에 나오는 흐름을 파악하고 기업들의 동향만 살펴도 어려운 경제 용어를 몰라도 현명한 투자를 할 수 있을 것 같다.

신명지의 신명나는 투자일기 9장

하루 10분, 경제 신문을 읽어라

- 경제 신문은 증권면, 산업면의 정보가 자세하고 많다.
- 경제 신문의 뉴스들은 모두 종목 선정이나 매매 타이밍을 말해 준다.
- 증시가 호황일 때도 악재가 될 기사가 있는지 살필 수 있다.
- 신문의 증권면만 스크랩해 두면 종목 선정과 주식 투자 연구에 자료가 된다.

주식 초보자를 위한 TIP

감자

감자란 회사가 자본금을 일정한 방법으로 줄이는 것을 말한다. 감자에는 두 가지 방법이 있는데 하나는 주식 금액을 줄이는 것이고 다른 하나는 주식 수를 줄이는 것이다.

주식 금액을 줄이는 방법은 주식 수는 그대로 두고 액면가를 낮추는 것이고, 주식 수를 줄이는 방법은 일정 양의 주식을 없애버리는 소각과 몇 개의 주식을 하나로 합쳐 만드는 병합이 있다.

또 감자에는 유상감자와 무상감자가 있는데, **유상감자**는 회사가 감자에 대한 일정한 보상을 해주는 것이고 **무상감자**는 회사에서 아무런 보상을 해주지 않고 감자를 실행하는 것이다.

유상감자의 경우 보상이 따르기 때문에 주주에게는 별 피해가 없을 것 같지만 보통은 보상 가격이 시가를 따르지 못하는 경우가 많고, 무상감자의 경우에는 아무런 보상 없이 회사의 결손금을 주주들이 부담하게 되기 때문에 기존 주주의 입장에서는 좋지 않은 재료로 작용할 때가 많다.

감자를 하는 이유

회사 규모를 줄이거나 누적된 손실을 회계상으로 처리하기 위해서다. 예를 들어 자본금 10억 원이었던 회사가 결손금 5억 원이 발생해 자본금이 5억 원밖에 남지 않으면 장부상 자본금도 5억 원으로 줄여야 하기 때문에 감자를 통해 손실을 털어내는 것이다.

Chapter 2
차트와 친해지기

　주식을 시작한 지 어언 두 달 남짓, 크게 돈을 벌지도 않았지만 원금을 지켜 나가며 조금씩 재미를 붙여 가고 있는 지금도 어려워하고 있는 것은 바로 차트다.
　'수학'이라는 과목이 생기면서부터 담을 쌓고 소 닭 보듯 살아온 내게 그래프라는 것은 그저 막 그어 놓은 작대기들일 뿐 아무런 의미가 없었다.
　그런데 주식을 하면서 꼭 봐야 할 것이 바로 이 그래프이니 아주 골이 아플 뿐이다.
　그래프에는 선 차트와 봉 차트가 있는데 도무지 봉 차트는 뭐가 뭔지 모르겠다.

금나라는 내게 보유하고 있거나 관심이 있는 종목의 4주간 주가를 보고 그리면서 봉 차트 보는 법을 익히라고 권했다.

나는 주식 책을 꺼내 그동안 외면했던 '차트' 섹션을 펴서 봉 차트 보는 법을 익히고 내가 관심을 두고 있는 다섯 번째 종목, N스터디의 차트를 그려 봤다. 다행히 빨간색 양봉들의 행진, 주가가 올랐다는 말이지. 하지만 주식 동호회 회원들은 차트를 참고하되 너무 의존해서는 안 된다고 말한다.

차트상으로 오늘 음봉을 그렸어도 내일 양봉이 나타나면 좋아 보이기 때문에 시점에 따라 해석이 달라지기도 하기 때문이란다. 또 누구나 공유하는 자료인 차트를 매매 지표로 활용한다면 위험할 수도 있다고 한다. 그래서 나는 이 어려운 차트를 보조 지표로 활용하기로 했다.

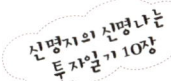

차트의 종류

- **선 차트**: 매일의 종가를 직선으로 연결한 도표로 개별 주식의 종가나 매일의 종가를 선으로 나타내 시장 추세를 보여준다.
- **봉 차트**: 추세보다는 하루나 한 주간의 주가의 변화 추이를 명확하게 나타내주기 때문에 기본적 분석을 하는 투자자도 명확히 알아야 하는 기본 지표로 크게 일봉, 주봉, 월봉으로 나뉘며 해당 기간의 시가, 종가, 고가, 저가로 이루어진다.

주식 초보자를 위한 TIP

봉 차트

봉 차트란 주가의 움직임을 길쭉한 봉으로 표시한 그래프로, 이를 통해 해당 주식의 **시가**(시작 가격), **종가**(마감 가격), **고가**(최고 가격), **저가**(최저 가격) 등을 알 수 있다. 종가보다 시가가 높은 봉을 **양봉**, 종가가 시가보다 낮은 봉을 **음봉**이라 하는데, 양봉은 빨간색(흰색)으로 표시하고 음봉은 파란색(검정색)으로 표시한다.

봉 차트는 작성 기간에 따라 매일의 주가 흐름을 나타내는 **일봉**, 한 주간의 주가 흐름을 나타내는 **주봉**, 한 달간의 주가 흐름을 나타내는 **월봉**이 있다. 일봉 차트는 일자별 주가 흐름을 알 수 있으므로 단기 주가의 흐름을 파악하는 데 활용하고, 주봉 차트나 월봉 차트는 중장기 주가의 흐름을 파악하는 데 활용하면 좋다.

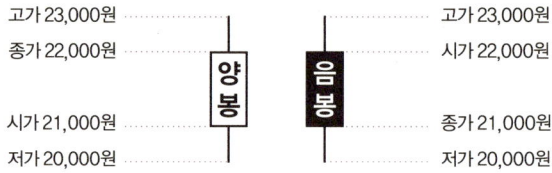

위의 그림을 보면 양봉은 시가 21,000원으로 시작해서 장중에 23,000원까지 오르기도 하고 20,000원까지 내리기도 하였지만 마지막에는 시가보다 오른 22,000원으로 끝났고, 음봉은 시가 22,000원으로 시작해서 장중에 23,000원까지 오르기도 하고 20,000원까지 내리기도 하였지만 마지막에는 시가보다 내린 21,000원으로 끝난 것을 알 수 있다.

봉차트 유형

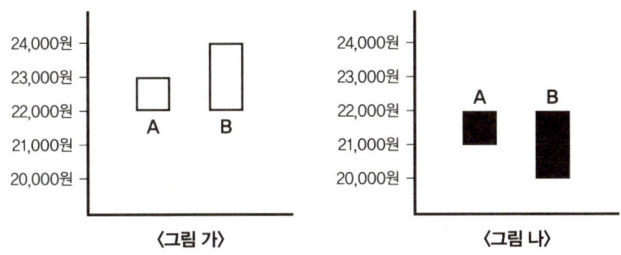

〈그림 가〉　　　　　　〈그림 나〉

가. 장중에 매수 세력이 꾸준히 들어와 상승 마감한 경우

〈그림 가〉를 보면 A의 경우 시가 22,000원으로 시작해서 장중에 한 번도 시가보다 하락한 적이 없다가 23,000원으로 마감했고, B의 경우 시가 22,000원으로 시작해서 장중에 한 번도 시가보다 하락한 적이 없다가 24,000원으로 마감한 것을 알 수 있다. 이것을 통해 몸통의 길이가 짧은 양봉보다는 긴 양봉이 하루 중 주가 상승 폭이 크다는 것을 알 수 있고, 이는 A보다 B를 사려는 사람이 많았다는 것을 의미한다.

나. 장중에 매도 세력이 꾸준히 들어와 하락 마감한 경우

〈그림 나〉를 보면 A의 경우 시가 22,000원으로 시작해서 장중에 한 번도 시가보다 상승한 적이 없다가 21,000원으로 마감했고, B의 경우 시가 22,000원으로 시작해서 장중에 한 번도 시가보다 상승한 적이 없다가 20,000원으로 마감한 것을 알 수 있다. 이것을 통해 몸통의 길이가 짧은 음봉보다는 긴 음봉이 하루 중 주가 하락 폭이 크다는 것을 알 수 있고, 이는 A보다 B를 팔려는 사람이 많았다는 것을 의미한다.

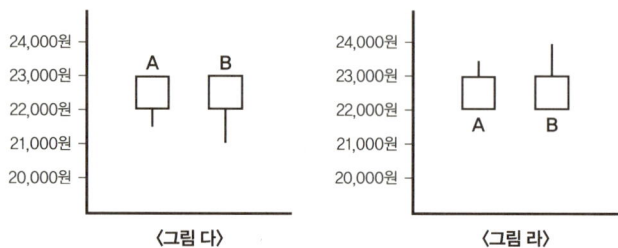

〈그림 다〉　　　　　〈그림 라〉

다. 장중에 시가 이하로 떨어졌다가 상승 마감한 경우

　〈그림 다〉를 보면 A의 경우 시가 22,000원으로 시작해서 장중에 21,500원까지 하락했다가 23,000원으로 마감했고, B의 경우 시가 22,000원으로 시작해서 장중에 21,000원까지 하락했다가 23,000원으로 마감한 것을 알 수 있다. 이것을 통해 아래 꼬리가 긴 B가 A보다 낮은 가격대에 사려는 사람이 많았다는 것을 알 수 있다.

라. 장중에 상승했지만 고가보다 낮은 가격에 마감한 경우

　〈그림 라〉를 보면 A의 경우 시가 22,000원으로 시작해서 장중에 23,500원까지 상승했다가 23,000원으로 마감했고, B의 경우 시가 22,000원으로 시작해서 장중에 24,000원까지 상승했다가 23,000원으로 마감한 것을 알 수 있다. 이것을 통해 위 꼬리가 긴 B가 A보다 높은 가격대에 팔려는 사람이 많았다는 것을 알 수 있다.

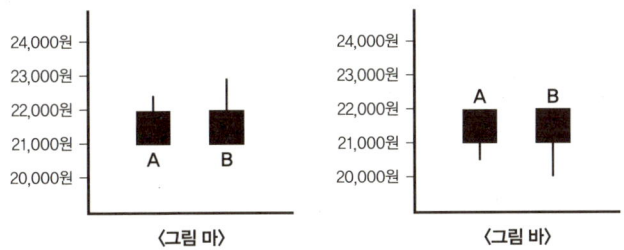

마. 장중 한때 상승세를 보이다가 하락 마감한 경우

〈그림 마〉를 보면 A의 경우 시가 22,000원으로 시작해서 장중에 22,500원까지 상승했다가 21,000원으로 마감했고, B의 경우 시가 22,000원으로 시작해서 장중에 23,000원까지 상승했다가 21,000원으로 마감한 것을 알 수 있다. 이것을 통해 위 꼬리가 긴 B가 A보다 장중 고가에서 팔려는 사람이 많았다는 것을 알 수 있다.

바. 장중 한때 매도 세력이 강했으나 낙폭을 축소한 경우

〈그림 바〉를 보면 A의 경우 시가 22,000원으로 시작해서 장중에 20,500원까지 하락했다가 21,000원으로 마감했고, B의 경우 시가 22,000원으로 시작해서 장중에 20,000원까지 하락했다가 21,000원으로 마감한 것을 알 수 있다. 이것을 통해 아래 꼬리가 긴 B가 A보다 낮은 가격대에 사려는 사람이 많았다는 것을 알 수 있다.

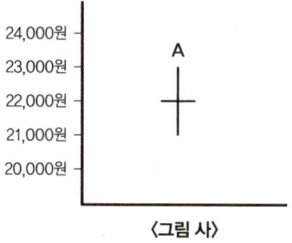

〈그림 사〉

사. 장중에 매수 세력과 매도 세력이 팽팽히 맞서다가 시가와 종가가 같게 마감한 경우

〈그림 사〉를 보면 A는 시가 22,000원으로 시작해서 장중에 23,000원까지 상승하기도 하고 21,000원까지 하락하기도 하였으나 결국에는 시가와 같은 22,000원으로 마감한 것을 알 수 있다. 이는 장중에 매수 세력과 매도 세력이 팽팽히 맞서다가 결론을 못 내린 채 장을 마쳤다는 뜻이다.

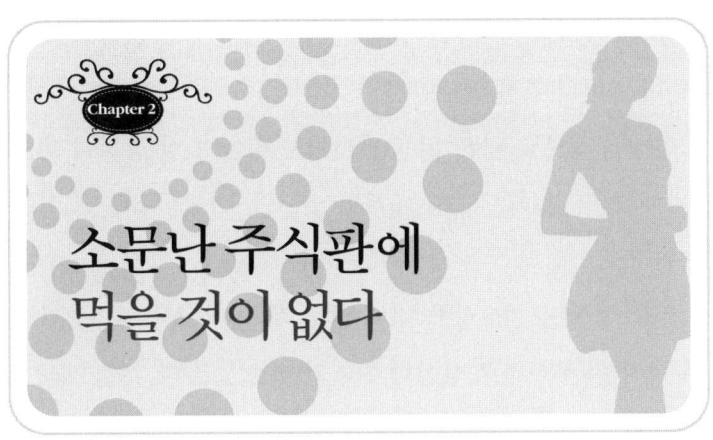

Chapter 2
소문난 주식판에 먹을 것이 없다

　　　　　　새로운 앨범을 들고 나온 이효리의 녹화를 마치고 잠시 음료수를 마시러 간 휴게실에서 우연히 예전에 함께 일한 적이 있는 재테크의 달인이라는 연예인 Y씨를 만났다.

　요즘 참 좋아 보인다. 결혼도 하고 아이도 얻어 그런지 얼굴에서 편안한 미소가 떠나질 않는다. 가볍게 서서 안부를 묻는 중 내가 요즘 주식을 한다는 얘기를 듣자 Y는 매니저를 통해 책 한 권을 내밀었다. 다음 스케줄 때문에 길게 이야기를 못하니 대신 주고 가는 것이라고. 부랴부랴 방송국을 나가는 그에게 책 한 권을 선물로 받은 나.

주식과 재테크에 달인이라 칭할 수 있는 인생 선배가 주는 책, 이 얼마나 귀한 정보인가.

한때 주식으로 많은 돈을 날리기도 하고 자살 충동에 괴로워하기까지 했다는 그. 연예계의 소문난 '짠돌이'라는 오명을 쓰면서도 열심히 돈을 모아 재테크를 해왔다.

결국 혈혈단신 고향을 떠나 낯선 서울 땅에서 성공하기까지 그의 비결은 바로 성실함과 의리였던 것 같다. 짠돌이라고 돈만 밝히고 지갑을 꽁꽁 묶어두는 사람이 아니라 그는 밤늦게까지 일하는 작가들에게 아이스크림이라도 한 통 사다 줄 수 있는 소박하지만 마음만은 따뜻한 짠돌이였다. 힘겹게 밤을 새던 몇 년 전 여름날, 그 아이스크림 한 통이 얼마나 고마웠는지 내가 좋아하는 명품 선물 버금가는 감동이었다는 것을 그는 기억하는지 모르겠다.

그가 주고 간 자서전 같은 책에는 맨손으로 상경해 지금의 성공을 이루기까지 실패와 역경들이 고스란히 적혀 있었다. 그리고 주위 사람들에게 당한 배신과 잘못된 정보로 주식에서 큰돈을 잃었던 시련이 내게는 가장 절실하게 와 닿았다.

지하철을 타고 가면서 책장을 넘기고 있는데 문자 하나가 왔다. 책의 주인공 Y씨였다.

[명지야, 주식은 취미처럼 가볍게! 소문에 흔들리지 않는 투자자가 되길 바란다.]

역시 의리파다. 요즘 주식에 재미를 붙인 나는 취미 삼아 적은 돈으로 즐겁게 투자를 하려고 하니 그 걱정은 안 해도 되고, 소문에 흔들리지 마라? 이건 또 무슨 말일까?

금나리에게 알아본 결과 주식의 정보에는 세 가지가 있는데 소문과 기업공시, 기업 분석 자료가 그것이다. 소문은 말그대로 루머(Rumor)! 진실된 소문과 뜬소문이 있겠지만 개인투자자가 소문의 진실을 밝히기는 어렵다고 한다. 그럴 때 따져 봐야 하는 것이 재료인데, 재료는 주식시장에 변동을 가져오는 요인을 말하며 나쁜 재료는 악재, 좋은 재료는 호재라고 한다. 즉 주가를 떨어뜨리는 것이 악재, 올리는 것이 호재!

호재성 재료에는 해당 회사의 영업 실적이 개선된다던가, 그 회사의 영업을 하는 주위 환경이 좋아진다던가, 기업의 재무구조 변화, 신제품이나 특허의 개발, 새로운 사업 진출, 자원 개발의 참여 등 여러 요인이 있는데……. 이렇게 말하자 어려워하는 나에게 금나리가 다시 쉽게 설명해 주었다.

참치캔을 만드는 A식품이라는 기업이 있다. 그 기업의 호재에는 어떤 것이 있을까? 예를 들어 보자. A식품의 매출이 최근 부쩍 오르는 것이 영업 실적 개선에 해당되고, 물량이 부족하던 참치가 얼마 전 많이 잡혀 영업을 하는 환경이 좋아졌다. 그렇게 되니 생산량이 증가하고 회사의 부채가 탕감되어 재무구조가 변화했고 피자참치나 갈비참치 등의 신제품이 개발되어 특허를 받았다. 또 참치 말고 연어 캔을 만드는 새로운 사업을 시작하고 원양이 아닌 제주도에서 많은 양의 참치가 잡히기 시작해 자원 개발에 참여를 하게 되는 등 참치가 많이 팔릴 수 있는 배경이 마련되었다. 이러한 것이 호재에 해당되는 것이다.

소문을 조심하자. 소문보다는 정보를 믿고 호재와 악재를 구분해 제대로 된 재테크를 하리라. 나도 연예인 Y처럼 착실하고 꾸준한 투자로 억대의 자산을 가진 따뜻한 짠순이 신명지가 되고 싶다.

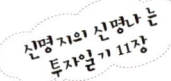

호재성 재료와 악재성 재료

호재성 재료	악재성 재료
1. 영업 실적의 개선	1. 매출액과 영업이익 감소
2. 영업 환경의 개선	2. 영업 환경 악화
3. 기업의 재무구조 개선	3. 기업의 자본금 감소
4. 신소재, 신상품 개발 등에 의한 특허 취득	4. 특허 분쟁 하자 등 대형 손해배상 발생과 피소
5. 새로운 사업 진출	5. 동종 업계와 출혈 경쟁
6. 유전, 가스 등 기타 자원 개발에 참여	6. 대주주 및 임직원의 주식 매도
7. 기업 합병 및 경영권 분쟁	7. 유능한 CEO의 퇴진
8. 대주주의 주식 매수	8. 대주주 및 임직원의 회사 재산 횡령
9. 외국 자본 유치 성공	9. 노사분규 발생
10. 유능한 CEO 영입	10. 외국인, 기관, 큰손 등의 주식 매도

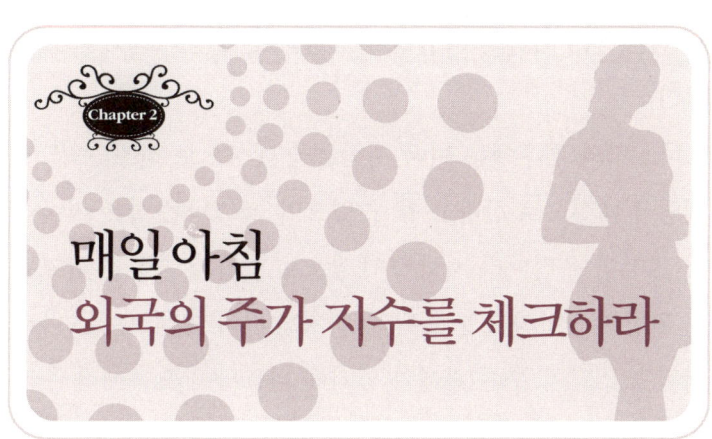

Chapter 2
매일 아침 외국의 주가 지수를 체크하라

며칠 동안 눈독을 들이던 N스터디의 주식을 드디어 매수했다.

17만 4,000원에 20주를 샀다. 개장과 동시에 매수한 주식이라 시간이 흐를수록 자꾸 신경이 쓰였지만 나는 소폭의 움직임에 신경 쓰지 않으리라 다짐하고는 TV의 경제 뉴스를 봤다.

S증권의 직원이 다소 경직된 목소리로 나스닥, 코스닥, 코스피 지수 등을 발표해 나갔다.

그동안 주춤하던 나스닥이 오름세에 있어 우리 주식시장에도 활력이 돌고 있단다.

코스닥이 우리나라 기업들이 상장되어 있는 주식시장이라

면 나스닥은 미국의 기업들이 상장되어 있는 주식시장을 말한다.

나스닥의 경우에는 미국 사람들을 대상으로 하지만 전 세계인을 대상으로 한다고 볼 수 있으며, 코스닥은 물론 외국인이 있지만 우리나라 사람을 대상으로 기업의 주식을 사고팔기 위한 시장이라고 보면 된다. 하지만 전혀 달라 보이는 나스닥과 코스닥이 무슨 관계가 있기에 나스닥이 오름세라 우리 주식시장도 오름세란 말인가?

사무실에서도 계속 이어지는 고민을 내가 선물한 에트로 신상 헤어핀을 앙증맞게 꽂고 온 금나리가 한방에 해결해주었다.

"미국이 기침하면 일본 경제는 감기가 걸리고 한국 경제는 독감에 걸린다는 말 들어 봤어?"

"글쎄……."

그런 말은 정말 금시초문이다.

금나리는 특유의 사람을 내려다보는 눈빛을 하며 친절한 척 열심히 설명했다.

나리의 설명을 요약하자면 대략 이렇다. 한국 주식시장에 가장 큰 영향을 주는 것은 미국 시장으로, 다우 지수는 코스피 지수에 나스닥은 코스닥에 영향을 준다는 이야기다.

즉 세계 흐름을 주도하는 미국이 다른 나라의 주가에 영향을 미친다는 얘기다.

그래서 주식 투자를 하는 사람들은 외국의 주가 지수를 먼저 체크해야 한다는 것이다.

"그럼 그런 걸 어디에서 봐? 경제 신문에 나오나?"

금나리의 디지털 펌 머리 위에서 빛나는, 두 달 전에는 내 것이었던 신상 헤어핀을 바라보며 내가 물었다.

"아침 신문에는 없고 증권사 속보나 인터넷을 통해서 다우 지수와 나스닥 지수의 등락을 파악할 수 있어. 그리고 국내의 금리 인상도 주식시장에 나쁜 영향을 미치지만 미국의 금리 인상도 국내 주가에 아주 부정적인 영향을 준다는 걸 알아야 해."

나리의 말은 미국의 금리가 오르면 국내에 투자한 외국인들의 자금이 미국으로 옮겨 가게 되므로 국내 주가에 영향이 많다는 것이었다. 그날그날 주식의 장이 어떤 흐름을 가질지는 아침 일찍 미국의 증시와 금리를 따져 보는 것으로 짐작할 수 있다고 한다.

> **신명지의 다섯 번째 주식 매수**
> 거래일 : 2008년 ○월 ○일
> 종 목 : N스터디
> 단 가 : 174,000원
> 수 량 : 20주
> 투자액 : 3,480,000원
> ……파이팅!

주식 초보자를 위한 TIP

코스피 지수와 다우 지수의 상관관계

코스피 지수와 다우 지수를 나타낸 위 그래프를 살펴보면 한 가지 특징을 찾을 수 있다. 그것은 다름아니라, 별개인 두 국가의 주식 지수 그래프가 거의 비슷한 모습을 그리고 있다는 것이다. 이는 경제 대국 미국의 경제 동향이 각국에 얼마나 큰 영향을 미치는지를 알 수 있는 부분이다.

경제 대국 미국의 경제 동향을 대표적으로 나타내는 수치가 다우 지수인 점을 감안할 때, 수출 지향적인 우리나라의 최대 수출국인 미국의 경제와 우리나라의 경제는 밀접한 연관성을 갖고 있기 때문에 다우 지수 역시 우리나라에 영향을 미치게 되는 것이다.

또 세계화 추세에 따라 각국의 주식시장이 개방되면서 글로벌 증시 또한 세계 경제의 동향에 따라 함께 움직이는 동조화 현상이 점점 강해지고 있기 때문에 우리나라의 증시뿐만 아니라 세계 증시의 움직임에도 주의를 기울여야 하는 것이다.

금리와 주가의 상관관계
　금리와 주가는 반비례의 관계에 있다. 즉, 금리가 오르면 주가는 내리고 주가가 오르면 금리가 내린다.

주식 수급에 영향
　투자자들이 금리에 따라 주식에 투자를 할지 예금을 할지 결정을 하므로, 금리가 오르면 은행에서 주는 이자가 높아지므로 예금으로 자금이 몰려 주가는 떨어진다.

기업 가치에 영향
　금리가 낮아지면 기업들이 내는 은행 이자가 내리게 되고 기업이 마케팅이나 개발 등 투자를 늘릴 수 있어 상품에 대한 이익이 높아지므로 기업 가치가 높아지면서 자연히 주가가 상승하게 된다.

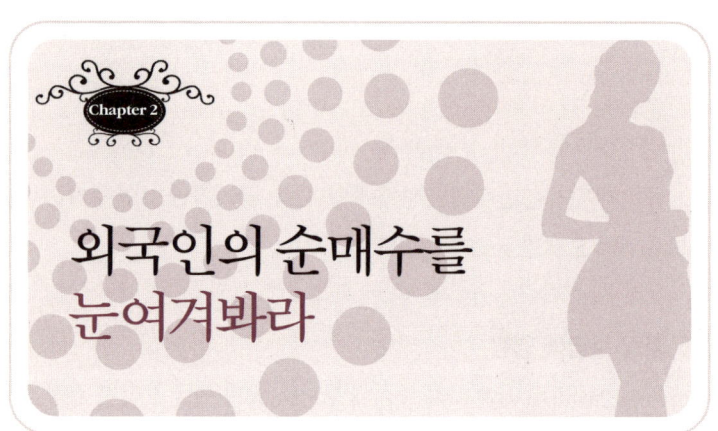

Chapter 2
외국인의 순매수를 눈여겨봐라

　　　　　　내가 주식 종목을 살피면서 가장 의아해 했던 점이 있다. 바로 외국인의 매수 비율!

　외국인이 많이 산 종목이 대체적으로 비싸고 오름세가 많은 듯 보였지만 종목에 따라 그렇지 않은 것도 있었다. 외국인들이 왜 우리 주식을 사며 우린 왜 그들의 영향을 받을까?

　이 문제는 혼자 독학으로 풀어보기로 했다.

　일단 주식 책과 인터넷을 이용해 외국인들의 매매 동향을 살펴봤다.

　외국인 매수는 1992년, 우리 주식시장이 개방되면서부터 이루어졌고 그 후 외국인은 우리 주식시장의 주요 세력으로 급부상했다고 한다.

 외국인의 매매 비율은 크다고 할 수 없지만—가장 큰 매매 세력은 일반 투자자— 이들은 개인이 아니라 투자전문회사가 많기 때문에 정보력과 시장 선도력에 앞서서 주식시장에 미치는 영향이 크다.

 주식 투자를 수익뿐만 아니라 환율의 변동에도 비중을 두고 투자를 하므로 환율의 급변에도 영향을 주며 대체적으로 외국인의 매도율이 크면 주가가 하락하고, 매수율이 커지면 주가가 상승하는 경향을 보인다고 한다.

 경제 신문을 통해 전날 외국인의 주식 매수와 매도 상황을 살펴볼 수 있다고 하니 주식 투자할 때 외국인의 주식 투자 경향도 살펴보면 좋을 듯하다.

 주식은 알면 알수록 솔솔 수익을 낳는 살 떨리게 스릴 있고 재미있는 게임이라고나 할까.

 그동안 만전을 기해 매매했던 나의 야심작 N스터디가 열흘 만에 나에게 62만 원이라는 수익금을 가져다주었다.

 수수료를 제하고 60만 원을 뽑아

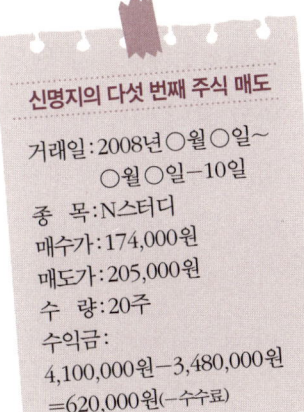

신명지의 다섯 번째 주식 매도

거래일 : 2008년 ○월 ○일~
         ○월 ○일−10일
종 목 : N스터디
매수가 : 174,000원
매도가 : 205,000원
수 량 : 20주
수익금 :
4,100,000원−3,480,000원
=620,000원(−수수료)

서 네 개의 수익금 통장에 15만 원씩 넣어 두었다.

이제 한 통장에 20만 원씩이 모였고 지금까지 내가 낸 수익만 두 달 열흘 동안 80만 원이 되었다. 은행의 대기 의자에 앉아 네 개의 통장을 품에 꼭 안아 봤다. 흐뭇하다.

명품 통장의 20만 원은 조금 더 불려서 그동안 갖고 싶었던 구찌 신상 백을 살 예정이고—그러려면 5배는 더 모아야 하지만— 부모님을 위한 통장의 20만 원은 두 달 뒤 다가오는 엄마 생일에 아빠와 함께 관람할 패티김 디너쇼 티켓을 끊는 데 사용할 것이다.

또 손해를 위한 통장은 그대로 차곡차곡 쌓아 내 주식 보험으로 쓸 것이고 나머지 하나, 이게 문제인데 말이지. 남자 친구를 위해 쓰려는 이 통장이 조만간 필요가 생길지는 잘 모르겠다.

내 애정 전선은 이상 무이므로……. 여기서 '이상 무'의 뜻은 이상하게도 아무 일도 없다는 것이지. 요즘 정 피디도 새로 바뀐 코너 때문에 바빠서 얼굴 보기가 쉽지 않고, 방송국과 집, 그리고 인터넷 공간만을 오가는 내가 어디서 다른 남자를 만날 리도 만무하니 말이다.

누가 될지는 몰라도 내 남자 친구를 위한 수익금 통장의 살이 뒤룩뒤룩 쪄 있을 때쯤 나타나면 한 방에 멋지게 쏴 주리라.

참, 나리는 정 피디의 프러포즈를 받아들였나 모르겠다. 둘의 싸늘한 분위기를 봐서는 나리가 정 피디를 찬 것 같기도 한데……. 나리는 그동안 찜했던 정 피디를 왜 찬 것일까? 우리가 모르는 정 피디의 약점이나 비밀을 나리가 알고 있는 것일까?

남 얘기 좋아하는 우리 팀 조연출의 말로는 오히려 나리가 차였다고도 하는데……. 얼핏 정 피디가 좋아하는 여자가 따로 있다는 것도 같았다. 그녀도 작가라나 뭐라나.

무엇이 진실인지 약 10초 동안 궁금하다가 만다. 어차피 남의 일인데 신경 쓰면 뭐하나.

내 자식 같은 통장들이나 예뻐해 주자. 예쁜 것들, 어서어서 살쪄서 이 주인님을 행복하게 해주렴.

신명지의 신명나는 투자일기 12장

외국인 순매수

외국인이 우리나라에서 주식 투자를 하려면 먼저 금융감독원에 계좌 개설을 신고해야 한다. 증권거래소에서는 외국인의 계좌를 통해 주식 매매 동향을 매일 장 마감 이후 발표하므로, 각 종목별로 외국인의 매매 동향을 증권사 HTS를 통해서 확인할 수 있다. 외국인이 지속적으로 순매수를 하거나 외국인 보유 비중이 증가하는 주식의 경우 대체적으로 주가가 상승하는 경우가 많다고 한다. 단, 외국인의 자금 중에는 핫머니라 불리는 유동성 단기자본이 있을 수 있는데 이는 각국의 단기금리나 환율의 차이를 이용해 차익을 얻으려는 투기적 자본이므로 주의해야 한다.

Chapter 2
동호회를 섭렵하라

나 신명지는 한국의 잇걸(It Girl, 트렌드를 이끄는 매력적인 젊은 여자를 칭하는 말)이 되고 싶었다. 어릴 적 꿈 말이다. 최신 유행을 선도하는 '걸어 다니는 패션 아이콘 신명지'가 고등학교 때까지의 내 꿈이었다.

할리우드의 '잇걸'인 린제이 로한처럼 모델 신명지가 입으면 다 유행이 되는 판타스틱한 꿈.

그런 핑크빛 꿈은 중3 때의 키가 고3 때도 변하지 않는 것을 보고 바로 접어 버렸다.

하지만 패션에 대한 관심은 명품에 대한 관심을 낳았고 명품으로 인해 나는 주식의 바다에 빠진 잇걸이 되었다. 남들은 뭐래도 난 신상녀, 잇걸이라고 믿고 싶다.

주식하는 잇걸 신명지, 나는 주식 동호회를 10개 정도 가입하고 있다.

하지만 두 달 동안 살펴본 바로는 정보력과 업그레이드 면에서 두세 개를 제외한 나머지는 나와 맞지 않는 것 같다. 너무 믿을 수 없는 정보들을 많이 주는 동호회도 있는 반면 회원들끼리도 비밀처럼 정보를 쉬쉬하고 이미 오프라인 상황에서 만남이 잦은 동호회는 텃세가 장난이 아닌 곳도 있다.

또 잘못하면 운영자가 돈을 벌기 위해 열어놓은 상업적인 동호회에 낚이는 수도 있으니 조심해야 한다.

내가 즐겨찾기에 두고 매일 들어가는 동호회는 바로 정 피디와 금나리가 회원으로 활동하는 동호회다.

꼭 정 피디와 금나리 때문이 아니라 내가 이 동호회를 좋아하는 이유는 '주식타짜' 때문이다. 마치 수수께끼를 던지듯이 정보를 주는 '주식타짜' 님의 방식이 마음에 들었고 그의 수수께끼를 풀어낸 나도 어느덧 동호회에서 주목받는 인물이 되었기 때문이다.

언제 한 번 오프라인 모임에도 나갈 작정이다. 아직 한 번도 모습을 드러내지 않았다는 주식의 전설 '주식타짜' 님이 나오시는 날로 골라서.

이렇게 동호회를 잘 이용하면 주식 투자를 하는 데 있어 정보도 얻고 의견도 교환할 수 있어 여러모로 도움이 된다.

동호회 자유 게시판에 날씨가 어떻고 저떻고 이런 날은 의상 선택이 중요하다는 둥 헛소리를 남기고 퇴근 시간이 되어 가방을 메고 나왔다. 이미 정 피디와 금나리는 슬쩍 퇴근을 한 듯 보이고 팀장만 자리에서 꾸벅꾸벅 졸고 있었다. 언제나 퇴근 시간을 즐겁다.

오늘은 오랜만에 대학 동기 모임이 있어 지적인 차림으로 입어 주었다. 가서 주식에 대해 아는 척 좀 하고 와야겠다. 여대를 나온 나는 대학교 때 친구들과 모이면 학생 때처럼 지금도 옷 얘기, 구두 얘기만 한다. 결혼한 애 엄마도 있는데 달라진 건 애들 옷 얘기가 더해졌다는 것뿐이다. 내가 주식으로 잘난 척 좀 하면 다들 기가 죽겠어. 호호.

또각또각 내가 신은 지미추 로퍼가 경쾌한 소리를 내는 동안 기분도 같이 즐거웠다.

방송국 정문을 나오는 순간, 아차! 잊은 것이 있다. 주말에 출연을 결정하겠다고 전화를 달라던 비 매니저의 전화번호 메모를 책상에 두고 온 것이다.

월요일에 전화할까, 하고 잠시 망설이다가 다시 방송국으로 들어갔다. 우리 팀의 파티션을 돌아가려는데 팀장의 웃음소리가 들렸다.

"하하하하, 그러니까 신명지가 산 주식 사라고. 그거 주식

회사에서 파는 거 알지?"

자, 잠깐……. 내 이름이 나오지 않았던가? 걸음을 멈추고 귀를 기울이는데.

"하하하, 그러게 뭣도 모르고 주식하다가는 쪽박 찬다고. 적어도 나 정도의 경제 지식과 주식시장에 대한 관심은 있어야지. 어떻게 주식의 '주'자도 모르는 신명지가 돈을 벌어? 야! 정 피디, 너 너무 신명지 편들지 마라. 뭐 어떠냐? 없는 자리에서는 나라님도 욕하는 거야. 왜? 재밌잖아. 하하하하!"

사람들에게 소문을 내고 다니는 건 정 피디가 아니라 속없는 팀장이었다. 그래, 없는 데서는 나라님도 욕한다고 하지만…… '나 여기 있다고요.'

나는 걸음을 돌려 버렸다. 뭐 원래 팀장이란 인간이 누굴 나쁜 마음으로 욕하는 사람은 아니니까 한 번 봐주자. 하지만 정말 기분은 찝찝하다. 또각또각 경쾌한 소리를 내던 지미추 로퍼가 방송국 대리석 바닥에 맥없이 끌려가고 있다.

그래도 정 피디가 날 우스갯거리로 생각하지 않는다니 다행이다. 그가 좋아하는 여자가 따로 있다는 소문을 듣고서 힘들게 정리했던 그에 대한 내 감정이 다시금 살아나는 것 같다.

정 피디가 좋아한다는 행운의 그녀는 과연 누굴까?

Chapter 3

캠퍼스 주식왕의 한 마디

배보다 큰 배꼽, 수수료를 조심하라

　　이제 와서 얘기지만 방송 작가라는 직업이 그렇게 녹록치만은 않다. 특집 방송이 잡히는 주에는 간혹 기획 회의에서 각종 섭외 리스트, 아이디어 브레인스토밍, 구성 회의, 녹화, 편집 회의, 자막, 대본에 이르기까지 방송국에서 밤을 새는 경우도 허다하다.

　　다음 날을 생각해 미리 옷을 준비해 가지만 때로는 예고 없이 시작된 마라톤 회의 때문에 급작스럽게 밤을 새게 되면 가장 큰 문제는 역시 옷이다. 이틀 연속으로 같은 옷 입는 것을 밥 굶기보다 더 싫어하는 나는 방송국에서 밝아오는 아침을 보며 잠시 산책 좀 한다고 하고선 쏜살같이 집에 다녀오곤 한다.

물론 옷이 바뀌면 모두 내가 집에 갔었다는 사실을 알게 되 겠지만 그게 뭐 대수라고 어제 입어 구김이 간 옷을 입고 싶지 는 않다. 난 소중하니까! 호호.

그래도 방송 작가를 하면서 좋은 점을 말하라면 그 또한 날 이 밝도록 리스트를 작성할 수도 있다. 물론 내가 좋아하는 연 예인들을 가까이서 그것도 함께 일하며 만난다는 것 외에도, 국내외 유명인들을 인터뷰하면서 관계를 맺게 된다는 거다. 지난 7년간, 그렇게 해서 알고 지내는 유명인들 중에는 정치 인도 있고 교수, 박사, 스포츠인, 그리고 경제계를 주름잡는 큰손들도 있다. 그렇다고 해서 내가 그 유명인들과 전화를 할 만큼 친한 사이는 아니다.

큭, 그래도 간혹 방송으로 만난 인연이 인생에 도움이 되는 사람으로 바뀔 때도 많다. 이를 테면 후배 작가 '한심해'는 촬 영하며 알게 된 성형외과에서 너무나 매력적인 DC 가격으로 눈이 1.5배나 커지고 납작코가 클레오파트라 코로 업그레이 드되어 선배들이 이름도 '한심해'에서 '안심해'로 바꾸는 게 어떻겠냐고 한 적도 있었다. 비록 성씨는 바꿀 수 없겠지만 말 이다.

또한 방송국 대표 미녀 작가로 손꼽히는─불행히도 내가 아니다─ 고은아 작가는 전문가 인터뷰로 만난 카이스트 대 학원생과 한눈에 반해 스리살짝 결혼에까지 골인했다는 전설적인 러브스토리도 있다.

어쨌거나 내게도 주식 투자, 더 나아가 명품족으로 진일보하고 있는 내 주식 인생에 피가 되고 살이 되는 조언을 아끼지 않는 몇몇 인맥이 있음은 뿌듯한 일이다. 이런 관계는 '친절한 명지 씨'였으니 가능한 일이었다고 굳이 강조하지는 않겠지만, 참고삼아 말하자면 나리는 이렇게 방송에서 맺은 인연이 꾸준히 지속되는 일이 거의 없다는 사실. 이는 나의 깊고 넓은 인간관계를 반증하는 것이리라. 음하하하! 왠지 이번엔 내가 나리를 이긴 것 같아 기쁘다.

"이야, 누나가 웬일이세요? 주식 이야기라면 눈 가리고 귀 막고 고개까지 절레절레 젓던 누나가 주식이라니! 큭, 그래서 수익은 좀 났어요?"

"그럼! 내가 누구니? 한다면 하는 신명지 아니겠냐고."

"하하! 큰소리치는 걸 보니 초보자 티가 팍팍 나는데요?"

"어멋! 얘가 하늘 같은 누님을 또 놀리고 있는 거 맞지?"

꿀밤을 한 대 쥐어박으려다가 이제 겨우 한 모금 마신 블루베리 화이트 스무디를 쏟을 뻔했다. 그 모습에 헤헤거리며 사람 좋은 웃음을 짓는 이 녀석은, 2년 전 경제 정보와 오락이 만나 고품격을 이룬 프로그램 〈경제야 같이 놀자〉와 〈경제 단백질〉에 캐스팅됐던 캠퍼스 주식왕, 이름도 왕대박이다.

방송 출연 후 나름 유명 인사가 되었다며 "누나, 어쩌죠? 제가 오늘은 시간이 없는데……" 하며 전화를 할 때마다 바쁜 척을 하기에 이 녀석과의 인연을 끊어 버릴까 생각도 했지만 그러지 않은 것은 참 현명한 일이었다.

주식의 세계에 발을 들여놓은 내가 이해 불가한 주식에 대한 정보를 물어보기에 대박이보다 더 편한 상대가 어디 있겠냐는 말이다. 어쨌든 주식에 첫발을 들였던 석 달 전, 내가 주식에 대해 궁금한 게 있다고 급히 연락을 했더니 〈무엇이든 물어보세요〉보다 더 정확하고 실용적인 정보를 주겠다며 덥석 약속을 잡았던 터였다.

"그나저나 궁금하다는 게 뭐예요? 뭐든지 물어보세요!"

대박이는 여전히 모락모락 김이 올라오는 뜨거운 커피를 홀짝이며 주식에 대한 강한 자신감을 보인다. 그래, 지금은 네가 구세주로 보이는구나.

"응. 다른 게 아니라 이상하게 내 주식 정보가 유출된 것 같아."

나는 주위를 둘러보고 아무도 보는 사람이 없는 걸 확인한 후, 목소리를 낮춰 짐짓 심각한 얼굴을 했다. 이러고 있자니 내가 마치 007 첩보 작전에 나오는 '미모의' 첩보원이 된 것 같다. 호호, 하지만 '제임스 본드'의 얼굴을 마주보고 있노라니 현실을 직시하게 된다.

"그게 무슨 말이에요? 경찰에 신고는 했어요?"

웃으며 듣고 있던 대박이의 표정이 살짝 굳어진다. 어쨌거나 이게 심각한 일이긴 한가 보다. 갑자기 걱정이 거대한 해일처럼 나를 덮친다.

"사실 정보 유출에 대한 의심이 들기 시작한 건 내가 막 주식을 시작하고부터야. 수익이 만 원 생겨서 얼른 주식을 팔았는데 이상하게 만 원이 안 되는 거야. 내가 워낙 산수에 약하잖니. 그래서 계산 착오였겠거니 했어. 그런데 계산 착오라면 한 번쯤은 예상 수익보다 실제 수익이 더 많을 때도 있어야 하는데, 어떻게 된 게 늘 몇백 원씩 수익금이 비는 거야. 이런 일이 처음이라 어디다 물어봐야 할지도 모르겠고, 괜히 말했다가 계산 착오가 분명하다면 내 산수 실력만 탄로 날 것 같아서 그만뒀는데, 정말 이상해. 아무래도 누군가 내 계좌에서 조금씩 꾸준히 수익을 빼돌리고 있는 게 분명해! 내 주식 계좌 비밀번호는 아무에게도 말한 적 없는 것 같은데, 다만……."

나는 잠깐 한 템포 쉰 다음 말을 이어 나갔다. 영화에서도 중요한 말 앞에는 한 템포 사이를 두어야 긴장감이 고조된다. 물론 굳이 이런 효과를 노린 것은 아니지만 그래도 나는 이렇게 극적인 표현 방법을 좋아한다.

"……나랑 함께 일하고 있는 작가들과 피디들은 내가 주식으로 얼마간의 수익을 보고 있다는 걸 알고 있어. 그리고 내

HTS는 노트북에 설치돼 있고 가끔 사무실에 노트북을 켜둔 채 커피 한 잔 하러 나가기도 해. 그래도 동료를 의심하는 건 나쁜 일이겠지? 하긴 그렇게 나쁜 사람들은 아닌데……. 좀 얄미울 때도 있긴 하지만."

나는 얼마 전 또다시 주식 수익으로 샀다며 무더위 속에 에르메스 스카프를 휘두르고 왔던 금나리를 떠올리며 빨대로 블루베리 화이트 스무디를 신경질적으로 휘저었다.

"만약 그런 게 아니라면 누구라고 생각해? 이럴 때는 어디다 신고해야 하는 거지? 개인증권계좌관리공단 같은 거 없나? 왜 얼마 전에 유명 포털사이트에서도 개인 신용 정보가 그대로 유출된 적 있다고 하던데 나도 그런 비슷한 거겠지?"

내 말이 끝나기가 무섭게 대박이는 입 속에 머금고 있던 커피를 푸 하고 뱉었다. 덕분에 얼굴은 물론이고 내 아르마니 화이트 블라우스 앞섶에 커피 방울들이 튀었다. 그것도 드라이 클리닝하고 처음 꺼내 입은 건데 말이다.

"너, 죽을래! 이 옷이 얼마짜린데!"

"어흑, 누나 미안, 미안! 하지만 자꾸 웃음이……. 푸하하하."

아니, 내가 이렇게 쇼킹하면서도 심각한 이야기를 하는 중에 대박이는 도대체 무슨 딴생각을 했기에 이렇게 웃는 거야? 혹시 내 얼굴에 뭐라도 묻었나? 나는 급히 안나수이 미니 손

거울을 꺼내 얼굴을 이리저리 비춰 본다. 좀 전에 튄 커피 몇 방울 외에는 늘 그렇듯 정돈되고 깔끔한 얼굴이다. 물티슈를 꺼내 얼굴과 블라우스 위 점점이 찍혀 있는 커피 방울들을 일일이 눌러 닦아낸다. 다시 도끼눈을 하고 대박이 녀석을 노려보니, 그제야 겨우 웃음이 잦아드는 것 같다.

"너, 남은 심각해 죽겠는데 혼자 무슨 딴생각을 한 거야! 네가 뭐든지 물어보라고 해놓고선 정말 이러기야? 그러고 내 옷은 또 어떻게 할 거냐고!"

"아, 옷은 정말 미안."

"너 한 번만 더 웃으면 죽는다. 난 지금 진지하다고!"

"잠깐만요, 누나! 나, 누나 계좌에서 남몰래 수익금을 야금야금 빼내가는 범인이 누군지 알 것 같은데요."

갑자기 진지한 얼굴을 한 대박이는, 테이블 앞으로 몸을 바짝 기울이며 낮은 목소리로 속삭였다. 추리 영화에서나 볼 법한 범인을 알아내기 직전의 짜릿한 기분을 짧은 순간이었지만 만끽했다.

"그래, 너라면 알 수 있을 거라 생각했어. 누굴 거 같니?"

아무리 그러지 않으려고 해도 자꾸 떠오르는 나리 얼굴을 지우려고 애쓰며 나는 침을 꿀꺽 삼켰다.

"그게 말이죠, 수수료란 끈질긴 녀석이거든요."

"어? 수료난? 뭐, 중국인이었어?"

"으이구, 누나! 나이 먹더니 귀까지 어두워졌어요?"

"수료난이 아니고 수수료요, 수수료!"

엥? 수수료라고? 그동안 내 주식 수익금을 잘도 챙겨간 범인이 수수료였다니. 나는 왜 진작 그걸 몰랐을까!

"수수료라면 누가 내 일을 대신 해주고 중간에 이윤을 떼는 걸 말하는 거 아니야? 나는 내 주식 내가 직접 사고파는데 왜 내 수익금에서 수수료를 떼는 거야?"

"그러면 좋겠지만 내가 주식시장에 뛰어들어 사고파는 모든 매매에는 세금처럼 수수료가 늘 따라다녀요. 그래서 사고팔고를 너무 자주 하는 것이 오히려 손해일 수가 있다는 거예요."

이건 내가 모르고 있었던 사실이다. 하지만 적어도 내 계좌 정보가 유출된 게 아니라는 사실에 안도했다. 흠, 그럼 무섭고 끈질긴 수수료 때문에 어떻게 주식을 사고팔아야 하지? 걱정도 앞선다. 할 수만 있다면 수수료를 아낄 수 있는 노하우를 알고 싶었다.

"나는 주식을 사고팔 때 나름의 원칙이 있어요. 그건 주식을 살 때는 세 번을 망설이고, 팔 때는 네 번을 망설인다는 거죠."

아니, 수수료 아끼는 노하우를 물었더니 또 무슨 망설임의 원칙이라는 말도 안 되는 궤변을 늘어놓으려는 거야! 시중에 넘쳐나는 많고 많은 주식 책들도 주식은 타이밍이라며, 주식이 오르고 내리는 주기를 기막히게 기다리고 예측해서 사고파는 게 원리 원칙이라는데, 갑자기 웬 망설임이냐는 말이다.

게다가 무슨 주식왕이 한 큐에 이게 대박인지, 쪽박인지 딱 알아보고 판단하는 게 기본이지, 이거 주식왕이라고 하더니 알고 보면 말짱 주식황이잖아. 심지어 초보인 나도 지켜보던 주식이 오르겠다는 판단이 들면 망설일 것 없이 사고, 아니다 싶으면 바로바로 팔아서 수익은 최대화하고 손실은 최소화한다는 기본 원칙은 지키는데 말이다.

내가 무슨 말인지 모르겠다는 표정을 짓자 대박이는 회심의 미소를 띠우며 말을 이었다.

"요즘 개인 투자자들은 HTS를 통한 온라인 주식거래가 대부분이라 손쉽게 주식을 사고팔 수 있게 됐죠. 그런데 매매 시 수수료가 얼마인지를 정확하게 알고 있는 사람들은 예상 외로 많지 않더라고요. 물론 그 중 한 예가 바로 누나지만요. 어쨌든 그렇게 주식을 사고팔기를 즐겨 하다 보면 좀 전에 누나가 말한 것처럼 수수료가 불어나게 되고, 자연히 자신의 주식 수익률보다 결과적으로 더 적은 수익금을 얻게 되거나, 반대로 손실이 생기면 더 큰 손실금이 생기게 되잖아요. 이렇게 새어 나가는 아까운 수수료를 줄이기 위해서는 저처럼 주식을 사기 전에 세 번, 팔기 전에 네 번 맞는 선택일까에 대한 고민을 해야 한다는 거죠."

아하, 이것이 바로 주식왕이 말하는 '망설임의 미학'이로군! 자식, 생각보다 세심한 부분까지 꼼꼼히 챙기는데? 하긴 대충대충 해서는 주식왕이라는 타이틀을 얻긴 힘들지 않겠어?

"그나저나 수수료는 도대체 얼마나 되는데? 그 망할 놈의 수수료 줄이는 방법 좀 없을까?"

"물론 있죠! 먼저 과거에 주로 쓰던 객장이나 콜센터를 통한 오프라인 주식거래는 HTS를 통한 온라인 주식거래에 비해서 수수료가 굉장히 높아요."

"그럼, 당연하겠지. 옷도 오프라인 매장에서 사는 것보다 온라인으로 쇼핑하는 게 훨씬 저렴하거든. 그 정도는 나도 알겠어."

"맞아요, 오프라인 주식거래의 경우는 거래 금액의 약 0.5%까지 수수료가 발생할 수 있어요. 하지만 HTS를 통한 온라인 거래를 하면 최저 0.015% 정도의 수수료만 부담하면 되기 때문에 많게는 0.485%까지 오프라인에 비해 수수료를 절약할 수 있다는 게 포인트예요."

소수점 아래 숫자들이 마구마구 무차별 공격을 해오니 금세 머리가 지끈지끈해진다.

"그러니까 요지는 온라인 거래가 유리하다는 거잖아. 그리고 나도 온라인으로 거래하고 있으니 수수료 절약을 잘 하고 있다는 거네?"

"아니죠, 그게 다가 아니거든요. 아까 말했듯이 다 같은 온라인 수수료라고 해도 수수료가 조금씩 차이가 나는 건 왜일까요?"

어머, 얘가 노하우를 알려 달라니까 왜 나한테 문제를 내고 난리야. 지금이 뭐 주식 수업 시간이라고 착각하나 본데, 난 그런 질문식 강의는 딱 싫어한다고, 라고 생각하는 나는 안중에도 없는지 대박이의 설교는 계속 된다.

"같은 온라인 주식거래라고 하더라도 수수료가 조금씩 차이 나는 이유는 각 증권사마다 수수료율을 다르게 책정하고 있기 때문이에요. 따라서 HTS를 통해 주식거래를 하더라도 어떤 증권사의 수수료가 더 낮은지 꼼꼼하게 따져 보고 선택하는 게 아까운 수수료를 절약하는 최고의 방법이죠."

"아, HTS로 거래를 한다고 수수료가 똑같은 게 아니란 말이지? 그런데 그런 건 어디서 알아봐야 돼?"

"후훗, 작가들은 인터넷 정보 수집이라면 최고라고 들었는데 누나를 보면 그것도 아닌 것 같네요."

"뭐얏!"

"어쨌든 증권사의 수수료율은 각 증권사 홈페이지뿐만 아니라 인터넷 서핑을 해봐도 쉽게 찾을 수 있다고요. 그리고 누나니까 살짝 정보를 드리자면, E증권사와 K증권사의 인터넷 수수료가 좀 저렴한 걸로 알려져 있어요."

어머나, 주식왕은 정말 별별 주식 정보를 다 가지고 있구나! 감탄하는 마음에 뚫어져라 대박이의 얼굴을 쳐다보고 있으려니 대박이가 한 마디 덧붙인다.

"누나! 이런 정보 아무에게나 막 주는 거 아니에요. 좀 중요한 얘기 나오면 메모나 해두시죠. 그렇게 멍하게 있으니까 다음에 또 생각 안 난다고, 사람 바쁠 때 전화해서 '야, 그때 네가 말한 수수료 싼 데가 어디랑 어디랬지?' 뭐 이렇게 물어보지 말고요. 하긴 그게 누나의 매력이지만 말이에요. 하하."

"요게, 사람을 놀려."

대박이를 흘겨보긴 했지만 그게 나의 매력이라는 말에 솔직히 얼굴이 빨개질 뻔했다. 정 피디도 내 매력을 알아봤으면 좋겠다는 주책없는 생각이 들었기 때문이다.

"참, 그나저나 아까 주식 살 때 세 번 망설이고, 팔 때 네 번 망설인다고 했잖아. 그건 왜 그런 거야?"

"흐흐, 뭐 그런 게 있어요. 그냥 살 때나 팔 때나 세 번이라고 말하면 너무 밋밋하고 재미없잖아요."

뭐야, 이런! 뭔가 속은 느낌! 그래도 어쨌든 주식을 사고팔기 전에는 수수료를 기억하라는 거지? 오케이, 당장 접수하겠다.

그리고 한 가지 더! 그때 대박이가 학교 수업에 늦으면서까지 "골치 아파할지도 모르지만 그래도 누나가 수수료 계산할 때 도움이 될지도 모르니까요"라며 자신의 배낭에서 꺼낸 연습장을 쭉 찢어 모나미 볼펜으로 갈겨써준 메모가 생각났다.

음료수 값을 지불할 때 지갑에 접어 넣었던 기억이 나서 열어 보니 아직도 영수증 사이에 끼어 있다. 지금 생각나지 않았다면 자칫 커피 영수증과 함께 영원히 쓰레기통으로 들어갔을지도 모를, 이 메모에는 무슨 내용이 있을까?

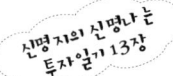

수수료를 줄이기 위한 노하우

- HTS를 이용해 주식거래를 하되, 증권사별 수수료율을 비교해 가장 저렴한 곳을 이용하라.
- 너무 자주 주식을 사고팔다보면 수익보다 수수료가 많아질 수 있으니 주의하라.

주식왕의 TIP

수수료의 모든 것

주식을 살 때는 수수료가 발생합니다.
주식을 팔 때는 수수료 외에도 세금 0.3%가 추가 발생합니다.

주식 매매 시 발생하는 수수료 및 세금 계산 예시

A증권의 HTS 거래 수수료가 0.029%라는 가정 하에 1,000원짜리 주식을 100주 매매 시, 발생하는 수수료와 세금은 이렇게 계산됩니다.

- 매수 시 = 1,000원×100주×0.029% = **29원**의 수수료 발생
- 매도 시 = 1,000원×100주×0.029% = **29원**의 수수료 발생
  1,000원×100주×0.3% = **300원**의 세금 발생

총 329원

→ 총수익에서 해당 비용만큼의 수수료 및 세금을 제외한 금액이 실제 수익이 되는 거랍니다.

PS. '세금'은 주식을 팔 때 누구나 내야 하는 것이니 그냥 순응하세요. 세금은 절약 노하우가 없으니 저한테 전화해서 물어보지 마세요!(약 오르죠?) 이것이 바로 제가 주식을 팔 때는 살 때보다 한 번 더 망설이는 이유랍니다.(^o^)v

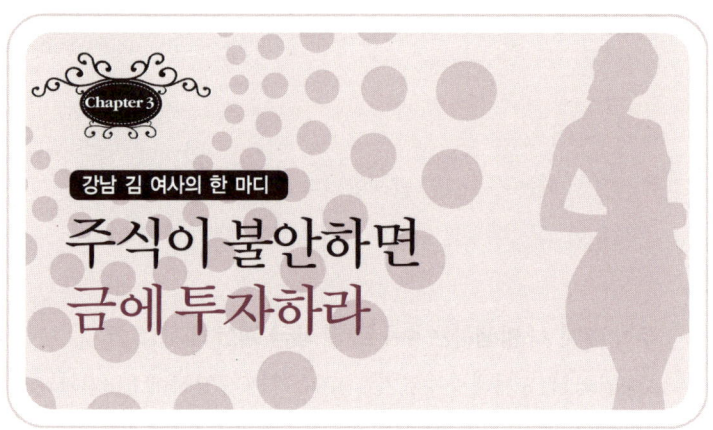

Chapter 3

강남 김 여사의 한 마디

주식이 불안하면
금에 투자하라

　　두근두근, 쿵쾅쿵쾅! 드디어 나의 완소로 망, 브래드 피트가 영화 홍보차 내한한다는 소식이 들려왔다. 각종 매체에서 전쟁을 방불케 하는 섭외 경쟁이 치열하게 벌어진 끝에, 결국 우리 프로그램에 출연을 결정해 주었다고 하니 이렇게 고마울 때가 있나! 꺄, 내 생애 이런 행운을 거머쥘 수 있다니! 정말이지 꿈만 같다.

　　나리도, 정 피디도, 머리 빠진 팀장까지, 우리 팀뿐만 아니라 방송국 전체가 긴장하고 대한민국이 들썩일 만큼 그의 방송 출연은 이슈가 되고 있고, 온 국민이 그날만을 손꼽아 기다리는 분위기다.

이런 경축일로 삼을 만한 기념비적인 날이 오기만을 달력에 엑스포 쳐가며 기다리던, 나리와 나는 청담동 일대에서도 가장 비싸고 스타급 연예인들만 따로 관리하고 있다는 초절정 럭셔리 헤어살롱을 찾았다.

프랑스 파리에서 가위질로만 5년간 유학했다는 자르당 최 부원장님이 감당이 안 되는 내 헤어스타일을 첨단 유행과 감각적인 패션을 접목시키기 위해 10분째 '얼음' 상태를 유지하며 고심에 고심을 더한다.

반면 나리의 헤어를 담당한 보글랭 박 원장님은 나리의 머리에 예술을 하고 있다. 그런데도 나리는 뭐가 그리 불안한지 연신 "이게 정말 저한테 잘 어울릴까요? 브래드 피트가 파마 머리를 좋아하는지 모르겠네"를 남발하고 있다. 시끄럽다. 브래드 피트가 파마 머리를 좋아하든 말든, 자기가 안젤리나 졸리도 아니고.

내 오른쪽 자리에는 커피 한 잔을 테이블에 올려놓고 우아하게 다리를 꼬고 밀라노 현지의 패션 동향을 말해 주는 잡지를 넘기는 귀부인이 있다.

"김 여사, 요즘도 주식에 투자하고 있어?"

앗, 주식이라고? 나의 주식 인생이 시작된 이후로 나는 주식의 동향이나 경제 흐름에 대한 정보에 큰 관심이 생겼다. 강남 아줌마들도 주식을 하네. 반갑기도 하고 혹시 좋은 정보라도 들을 수 있을까 기대를 하며 목을 오른쪽으로 뺐다.

"손님, 헤어 손질 중 머리를 움직이시면 안 되죠!"

자르당 부원장님의 엄격한 목소리에 난처해진 나는 죄송하다며 다시 자세를 바로 잡았다. 그리고는 강남 아줌마들의 대화를 향해 안테나를 쫑긋 치켜세운다.

"요즘 장이 별로 좋지 않았잖아. 난 벌써 금으로 많이 빼둔 상태야."

"그래, 그럴 줄 알았어. 역시 김 여사는 발이 빨라. 난 이제야 금으로 눈을 돌렸는데 벌써 많이 올랐더라고. 앞으로 옮길 때는 나한테도 좀 정보를 줘."

"그래도 주식시장이 다시 안정세에 접어들면 나도 다시 주식으로 돌아올 거야. 벌써부터 주식 낙관론을 기대하는 목소리도 조금씩 들려오던데?"

"그런가? 아무튼 김 여사는 소식통이라니까! 그나저나 금으로 재미는 좀 본 거야?"

"알다시피 금은 언제나 금값 아니겠어? 호호호호."

"호호호, 그러네."

금이라고? 그렇지 않아도 요즘 주식시장이 불안정해 약간의 손실에 조바심이 났는데, 강남 귀부인의 '금 투자' 이야기를 듣고 있자니, 얼마 전 경제 잡지에서 안전한 금에 투자하라는 재테크 노하우를 읽었던 게 생각났다.

하지만 내 관심사는 오직 '주식'이랍시고 그대로 무시했던 정보가 강남 김 여사에게는 짭짤한 재테크 수단이 되고 있나 보다. 나는 마침 오늘 착용하고 나온 금팔찌를 어루만지며 '나도 하나는 있군' 위안을 삼는다.

"일단 금은 폭락할 확률이 거의 없고, 세금 면에서도 그만큼 절세가 되는 거니까 가진 만큼 이익이지!"

뭐라고? 그동안 나는 고작 500만 원으로 주식을 하면서도 벌써 매매 때 낸 세금이 몇만 원은 족히 넘을 것 같은데, 금은 세금조차 안 낸단 말이지? 나도 당장 금이 사고 싶어진다.

게다가 금을 실물로 사는 것이 아니라, 은행 계좌에 적립하는 방식으로 매매할 수도 있다고 하니 거참 편리할 것도 같다.

'주식시장이 불안할 때 쉬어가는 방법으로 금에 투자하라!' 이만하면 값비싼 커트를 한 대가로 얻어낸 쓸 만한 정보가 아닌가. 발바닥부터 머리끝까지 뿌듯해졌다.

"참, 황 여사는 청주에 있던 땅 처분했다며?"

"김 여사는 어쩜 모르는 게 없냐? 내가 땅을 판 것도 뉴스에 나온 거야? 호호호."

역시 강남 부유층은 다르구나. 주식에, 금에, 부동산까지! 돈 되는 투자는 다 끼고 있구나. 하긴 부자도 노력 없이 되진 않는다고 하더니, 재테크 정보만큼은 일가견이 있나 보다.

"그렇지 않아도 김 여사 만나면 조언 좀 구해야지 했는데 말이야, 주식이 다시 안정세에 접어든 것 같아서 더 투자하고 싶긴 한데 뭐 좀 좋은 정보 없을까?"

김 여사는 밀라노의 패션이 어떻든 상관없다는 듯 잡지를 덮어 버리고 본격적으로 투자 강의를 할 태세다. 앗싸, 이게 웬 떡이냐고! 공짜 재테크 강의라면 언제든지 환영이다.

"오늘 브런치 모임에서 알게 된 따끈따끈한 정보 하나 줄게. 황 여사니까 알려 주는 거 알지? K그룹의 S프로젝트가 굴지의 L그룹에 조만간 인수 합병될 것 같대. K그룹 회계이사 와이프가 직접 말한 거니까 믿을 만한 정보지. 벌써 내부적으로는 재무구조 건전성까지 높아질 거라고 기대 심리가 대단하다더라."

뜻밖의 수확이다. K그룹이라고 했지? 당장 주식을 사야겠다. 나리에게는 말해 줄까, 말까? 정답은 NO! 절대 가르쳐 줄 수 없지. 흐흐, 상상만 해도 기분이 좋다.

'고맙습니다, 김 여사님! 커다란 비닐캡과 핑크색 헤어살롱 가운이 이렇게 잘 어울리는 분은 김 여사님뿐일 거예요.'

세련되고 산뜻하게 짧아진 머리 덕분에 난생 처음, 팀장의 칭찬을 다 받아보는 영광을 누렸다.

"두 사람 머리 했네, 나리 작가는 지난 번 생머리도 괜찮았지만 이번 파마는 그야말로 예술이야! 그리고 명지 작가 머리 짧아지니까 시원하고 좋은데? 돈 좀 들었겠는걸."

물론 나리에 비하면 칭찬이랄 것도 없겠지만 분명 욕은 아니었다. 물론 팀장의 평가 따위는 귀 기울여 듣고 싶지도 않았지만, 그래도 늘 딴지만 거는 팀장이 저 정도로 말해준 것만 해도 실패는 아니란 증거다. 하긴 그 비싼 돈을 들여 한 커트인데, 안 예쁘다고 했다면 나도 이번만큼은 그냥 넘어가지 않으려 했다. 호호.

하지만 정 피디는 내 짧아진 머리를 그냥 한 번 쳐다봤을 뿐, 별 말이 없었다. 쳇! 나는 지난 번 정 피디가 이발하고 온 날, 분명히 잘 어울린다고 했었는데 '가는 말이 고와도 오는 말이 없을 수도 있다'는 명백한 증거를 몸소 보여준 게다. 그나마 나리한테도 "머리 스타일 바뀌었네요" 한 마디로 끝났다고 하니까 그렇게 배 아파할 필요는 없다.

나에겐 세련된 커트보다 K그룹의 주식 100주가 있으니까!

그리고 일주일 후, 브래드 피트의 내한이 무기한 연기됐다는 안타까운 소식과 함께 K그룹의 주식이 7,000원 올랐다는 반가운 소식이 날아들었다.

신명지의 여섯 번째 주식 매수

거래일 : 2008년 ○월 ○일
종　목 : K그룹
단　가 : 25,000원
수　량 : 100주
투자액 : 2,500,000원

*아직 매도하지는 않았지만 꾸준히 상승 중이다. (^o^)v

Chapter 3

부동산 전문가의 한 마디

드라이브를 하면 돈이 보인다

"나리 작가, 주식으로 번 돈으로 땅 알아보고 다닌다는 소문이 들리던데? 이번엔 부동산의 여왕으로 진출하려는 거야?"

오지랖 넓은 팀장, 나리가 주식을 사든 땅을 사든 왜 이렇게 관심이 많은 거야? 잉? 뭐? 근데 땅을 산다고?

우연히 시작하게 된 주식 투자, 이제는 주식 동호회 활동과 주식 일기까지 꼬박꼬박 쓰며 나도 차츰 재테크에 관심을 갖게 됐다. 온갖 정보의 홍수 속에서 경제라는 단어만 들어가면 저절로 눈이 커지고, 주식—펀드—MMF 계좌를 가지고 있음은 물론이요, 이제 부동산에만 손을 뻗으면 명실 공히 재테크의 달인으로 거듭날 수 있으리라.

송파 신도시가 어떻고 거여, 마천 뉴타운 지정 같은 소식쯤이야, 마놀로 블라닉의 F/W 시즌 신상 펌프스 정보만큼이나 상세하게 알고 있다.

이런 나에게 나리가 땅을 산다면 사돈이 땅을 사는 것보다 더 배 아픈 일이 아닐 수 없다.

그래, 가만있을 수 없다. 나도 부동산 공부를 시작해야겠다.

"어머, 오랜만이에요. 어쩜 하나도 안 변하셨네요. 호호."

소름끼치게 닭살스런 코맹맹이 목소리로 내가 한껏 애교를 떨어 줘야 하는 이 남자! 안 변하기는 고사하고 머리숱은 모두 가출했는지, 겨우겨우 남은 몇 가닥의 모발에 기름장을 바른 듯 윤이 번지르르하다. 믿을 수 없고, 정말 믿고 싶지 않지만 이 남자가 바로 2년 전 소개팅에서 만나 3개월간 나를 따라다녔던, 지금은 '완전 잘나가는' 부동산 전문가다.

삼십대 중반에 꼬락서니하고는, 아무리 돈이 많아도 그때 차버리길 잘했다는 생각이 든다.

우리는 서울에서 땅값이 가장 비싸기로 유명한 명동의 파스쿠찌 매장—자그마치 $3.3m^2$당 2억이 넘는다—에서 2년 만에 재회했다.

이쯤 되면 내가 정 피디를 두고 다른 마음이라도 먹은 게 아닐까 걱정하는 분들, 염려 마시라. 나는 그저 내 인맥을 최대한 활용해 재테크의 기술을 키워갈 뿐이다. 2년 전 소개팅에서 만난 남자라는 조금은 어정쩡한 관계라도 필요에 의해서 만날 수 있는 거 아닌가?

"좀 놀랐습니다. 이렇게 오랜만에 연락하실 줄 몰랐거든요."

그의 손가락에서 결혼반지가 빛났다. 헉, 이런 남자도 나보다 빨리 결혼하다니! 역시 재력이 좋긴 좋구나.

"사실 제가 그동안 주식으로 돈을 좀 모았는데 요즘은 또 부동산이 없으면 안 되잖아요. 호호, 아닌가? 호호."

남자는 황당하다는 표정을 짓더니 그래도 도움을 주겠단다. 마음만은 비단결이다.

"부동산의 시작은 무엇보다도 내 집 마련 아니겠습니까? 청약 통장은 가지고 있으시죠?"

아, 얼굴이 빨개지고 있다. 청약 통장? 그게 뭐지?

"만약 아직 가입하지 않았다면, 먼저 청약 통장을 만드는 게 급선무일 것 같네요. 요즘 같이 아파트 값이 오를 만큼 오른 시기에 서울 시내에서 집 한 채 가지는 게 얼마나 힘든지는 아시죠? 하지만 새 아파트 분양권을 따게 된다면 말이 달라지죠. 판교 로또라는 말이 괜히 나온 게 아니라니까요. 이를 위해서는 반드시 있어야 하는 게 청약 통장이죠. 얼마 전에 새로 나온 주택청약종합저축은 기존 청약 통장(청약저축, 청약예금, 청약부금)의 장점만을 부각시킨 만능 통장으로, 누구나 가입할 수 있고 일반 적금에 비해 금리도 높으니까 가입해 두면 좋겠죠. 참, 가입 후 2년이 지나면 1순위가 되는 거니까 집을 마련할 계획이 있다면 서둘러 가입하는 게 좋을 거예요."

그렇구나. '역시 남자는 외모로 판단할 수 없는 거야'라고 생각하는 찰나, 다시 한 번 그의 손가락에서 결혼반지가 쨍 빛났다.

분명 2년 전까지는 내 앞에서 주눅이 든 것처럼 말도 잘 못하는 이 남자가, 부동산 이야기를 시작하자 입에 모터라도 달아 놓은 양 쉴 새 없이 많은 이야기들을 쏟아내고 있다.

이번엔 땅 얘기를 하겠단다. 사실 부모님 댁에 얹혀살다 보니 내 집 마련은 그저 막연한 미래형처럼 느껴졌었지만 땅은 좀 다르다. 부의 상징인 것 같고 특히 나리가 땅을 산다는 말을 듣고 나니 나도 욕심이 생기기 시작했기 때문이다.

"땅 투자에도 기술이 있어요. 내가 직접 살 집을 짓거나 농사를 지을 목적이 아니라면 땅을 살 때는 미래 발전 가능성을 보아야겠죠. 내가 지금 산 땅 옆으로 1, 2년 후 도로가 들어선다면 내 땅의 접근성은 높아질 것이고 따라서 값도 오를 겁니다. 또한 아파트라도 들어선다면 두말할 것도 없겠고요."

"하지만 그런 걸 어떻게 아나요? 내가 무슨 '무릎팍 도사'도 아니고 말이죠."

농담으로 한 얘기를 심각하게 받아들이는 이 남자, 역시 별 수 없다.

"도사라도 땅값이 오를지를 내다보기는 힘들 거예요. 하지만 제가 그 노하우를 명지 씨에게 알려 드릴게요. 드라이브를 많이 하세요!"

엥? 부동산 노하우랍시고 드라이브를 많이 하라니! 이 남자, 2년 전에 내가 찼다고 이제 와서 이렇게 복수를 하는 건가? 소심하게도.

내가 눈을 동그랗게 뜨고 쳐다보자 남자는 얼른 말을 잇는다.

"드라이브를 하면서 땅을 보는 안목을 많이 키우세요. 쉽고 재밌으면서도 가장 확실한 노하우니까요."

우리나라 곳곳을 다니며 땅을 보고 안목을 키우다 보면, 어떤 곳이 발전 가능성이 있는지를 저절로 알게 된다는 거다.

예를 들어 별 모양으로 예쁘게 생긴 땅과 넓적하고 밋밋하지만 네모난 땅이 있다고 치자. 아마도 나 같은 심미주의자라면 별 모양의 땅에 반해 당장 계약하고 이름도 어린왕자가 살았던 B612로 지을 지도 모르겠다. 하지만 어느 정도 안목을 키워온 사람이라면 별 모양의 땅은 모서리마다 활용할 수 없는 자투리땅이 되어 투자 가치가 없다는 것을 알기 때문에 멋도 없는 네모난 땅을 계약한다는 거다. 거참, 말 되네.

그리고 당연한 얘기지만 땅을 살 때는 직접 두 눈으로 보고 결정하라고 했다. 좋은 땅이 있으니 투자하라는 말만 믿고 땅을 사다가는 큰코다칠 수도 있다는 지극히 당연한 말이지만, 실제 그렇게 낭패를 보는 사람이 많다고 하니 새겨 두자.

마지막으로 그 지역 주민들을 만나 하나에서 열까지 마을에 대해 조사하는 것도 땅값을 가늠하는 데 도움이 된다고 한다. 보다 확실하게 하려면 해당 관청에서 지역개발 책자까지 확인해 그 땅의 개발계획을 알아보는 수도 있다.

"그렇게까지 해야 하나요? 휴, 힘들어서 어디 땅 한 평 사겠어요?"

"그럼요, 어떤 투자든 대가 없이 수익을 기대할 수는 없잖아요. 혹시 다음에 땅 보러 갈 계획이 있으면 전화 주세요. 명지 씨와 드라이브도 하고 좋은 땅도 찾고 일석이조니까요."

"호호, 그래 주시면 감사하죠."

이 아저씨, 왜 들이대는 거야. 가식적인 미소를 만면에 지으며 상상한다. 땅 보러 드라이브를 떠난 정 피디와 내 모습을! 캬, 생각만 해도 황홀하다.

내 재테크 노하우는 하루가 다르게 성장하고 있다. 이제 몇 년 후면, 나리쯤은 나의 재테크 상대가 되지 않을 것 같다. 그땐 내가 너의 스승이 되어 주마!

따뜻한 거품이 퐁퐁 올라오는 족욕기에 발을 담근 채 기분 좋은 상상을 하며 옆에 있던 잡지를 뒤지기 시작한다. 세계 유명인들의 저택과 호텔이나 레스토랑의 인테리어를 소개하며 백만장자의 허황한 꿈을 심어주는 《리빙사스》! 이번 호에도 각종 인테리어 소품들이 눈길을 끈다. 하지만 더욱 관심이 간 것은 사진 아래 있는 '부자가 되는 인테리어 5계명'이었다.

얼핏 보면 무슨 엉터리 도사의 부적 같은 얘기지만, 그러고 보니 침대 커버를 빨간색으로 바꾼 다음부터 주식이 올랐던 것 같기도 하다. 내일은 현관을 청소하리라.

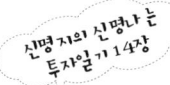

부자가 되기 위한 인테리어 5계명
- 현관은 그 집의 얼굴, 항상 밝고 깨끗하게 유지하라.
- 침실에는 밝은 톤의 커튼과 붉은 침구로 화사함을 더하라.
  침대에서 마주 보이는 벽에 나무나 베이지색 시계를 걸면 금전운에 좋다.
- 거실에는 포근한 느낌의 목재 테이블이 좋고 싱싱한 화분으로 상쾌함을 높여라.
  산이 그려져 있는 풍경화는 돈을 부른다.
- 주방은 퀴퀴한 음식 냄새가 나지 않도록 청결에 신경 써라.
  싱크대 매트는 금전운을 높이는 초록색으로 꾸며 보자.
- 전체적으로 환기를 자주 하고 물청소를 하여 쾌적한 집을 만들어라.

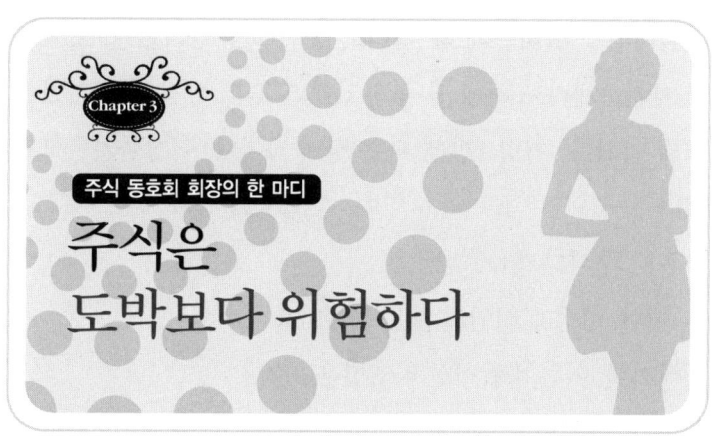

Chapter 3
주식 동호회 회장의 한 마디
주식은 도박보다 위험하다

　　　　　주식 동호회 모임은 종로의 한 호프집을 통째로 빌린 것 같았는데 생각보다 대규모였다. 대학생으로 보이는 풋풋한 여학생부터 블랙 수트 쫙 빼입은 넥타이 부대, 장바구니만 들면 그대로 시장으로 직행할 것 같은 주부들까지 나이 불문, 직업 불문, 그저 주식이라는 공통분모로 한자리에 모인 사람들이었다. 매달 정기 모임에 꼭 참석한다는 사람들은 진짜 이름 대신 닉네임으로 서로를 부르는 데 익숙한 듯했다. 그들은 처음으로 동호회 모임에 참석한 내 정체를 궁금해 했다.

　　"안녕하세요, '주식타짜300'이에요."

닉네임을 말하는데 왜 이리 얼굴이 화끈거리던지, 오늘처럼 자기소개라도 하게 될 줄 알았다면 좀 더 신경 써서 지었을 텐데 아쉽다. 가령 '밤에 피는 장미'라거나, 이상한가? 모르겠다.

"아, '주식타짜300' 님!"

"어머, 이렇게 미인일 줄은 몰랐어요."

어머나, 이런 바람직한 리액션은 뭐지?

알고 보니 나는 예전에 동호회 회장 '주식타짜'의 '백화점에 나가 보라'를 비롯하여 '쓰레기통을 뒤져라'라는 암호를 풀어낸 공로를 인정받아, 이미 동호회에서 유명 인사가 되어 있었다.

소문은 빛보다 빠르다. 그나저나 이렇게 관심이 집중될 줄 알았다면 좀 더 의상에 신경 쓸 걸 그랬다. 그래도 막스마라에서 야심 차게 발표한 신상, 심플한 블랙 원피스는 이 호프집에서 단연 돋보였다.

시간이 흐르면서 삼삼오오 짝을 찾은 사람들은 주식 정보 교환에 열을 올리거나 맥주 한 잔에 주식 경험담을 안주 삼아 얘기하고 있었다.

짧은 주식 경험에 이야깃거리는 바닥나고 더 이상 떠들 힘도 없는 상태가 된 나는, 후미진 곳에 있는 테이블에 앉았다.

거기엔 이미 대화에서 소외된 듯한 땅딸막한 키에 뒷동산만 한 배를 가진 나이를 추정할 수 없는 외모의 한 남자가, 코까지 흘러내린 커다란 뿔테 안경을 손으로 올리고 있었다. 패션의 꼬락서니로 보아 동호회 활동이 제로에 가까운 아웃사이더임이 확실했다.

"안녕하세요, 동호회 활동은 처음이신가 봐요?"

처음 보는 못생긴 남자와 단둘이 앉아 있자니 어색해서 오지랖 넓게도 먼저 말을 건넸다.

"'주식타짜'라고 합니다."

헉, '주식타짜'! 동호회의 초대 회장이자 주식시장에서 신의 손으로 통하는 그 '주식타짜'가 내 눈앞에 있는, 한눈에 봐도 시시해 보이는 이 남자였단 말인가!

나는 닉네임과 외모의 상관관계에 대해 '전혀 무관함'이라는 결론을 내리고 '주식타짜'의 뿔테 안경을 다시 한 번 유심히 살펴봤지만 아르마니도 돌체앤가바나도 아닌, 1001안경점에서 폭탄 세일가에 판매하는 바로 그것이었다.

적은 종자돈을 거액으로 불린 전설의 투자가라고 하기에 귀티가 줄줄 흐를 거라는 나의 예상과는 달리 '주식타짜'는 도인에 가까운 차림새를 하고 있었다.

"어머나, 이렇게 만나 뵙게 되어 영광이에요. 제가 바로 '주식타짜' 님의 암호를 두 번이나 풀어낸 '주식타짜300'이에요.

호호호."

하지만 그는 어쩐지 내 인사가 반갑지 않은가 보다. 표정이 영 시큰둥하다.

잠시 침묵.

무거운 공기를 깬 것은 '주식타짜'였다. 그는 초점 없는 눈을 들어 허공을 쳐다보며 뭔가 중얼거렸다. 잘 들리지 않아 "뭐라고요?"를 두 번이나 반복한 끝에 듣게 된 말이라곤 엉뚱했다.

"주식은 도박보다 위험하다. 주식은, 도박보다, 위험하다!"

또박또박 끊어 말하는 '주식타짜'의 얼굴이 어쩐지 쓸쓸해 보인다.

그래도 주식이 도박보다 위험하다니! 그럼 주식 동호회에서 탈퇴해 도박 동호회—그런 게 있다면—라도 가입하고 도박판에 당당히 입수해야 하지 않을까?

이것이 또 다른 수수께끼 암호라면 이번에도 멋지게 풀어내 '주식타짜'의 수제자가 되고 싶다.

"사실 고백할 게 있소. 나는 더 이상 '주식타짜'가 아니오."

이건 또 무슨 수수께끼란 말인가. 알쏭달쏭한 표정의 나를 물끄러미 쳐다보는 그의 눈에서 눈물 한 방울이 툭, 터져 나왔다.

헉, 미치겠다. 이 사람, 갑자기 나한테 무슨 고백을 하겠다는 것이며 눈물은 왜 보인단 말인가.

제발 울지 마세요. 사람들이 보면 내가 아저씨를 울린 것 같잖아요! 이 상황에서 정말 울고 싶은 건 나였다.

"나는 주식 동호회 창단 멤버이자 주식 투자로 어마어마한 이익을 남긴, 사람들이 신화라 부르는 '주식타짜'였소. 하지만…… 이제 모든 게 끝났소."

두둑, 또 눈물이다. 모든 게 끝나다니, 혹시 쫄딱 망했다는 뜻인가? 그렇다면 지금 내 눈앞에 수수한 차림새로 있는 '주식타짜'는 일부러 도인의 차림새를 한 것이 아니라 그야말로 거지꼴이란 말인가.

뭔가 아픈 속사정이 있나 보다. 남의 이야기에 귀 기울이는 자세는 나의 못 말리는 직업병이랄까. 나는 어느새 '주식타짜' 이야기에 경청하는 자세를 취하며 그의 아픔을 이해하려 했다.

"미수, 무슨 일이 있어도 미수는 하지 말았어야 하는데……."

"저…… 근데…… 이런 말씀 지금 드리기는 좀 뭐하지만…… 미수가 뭔가요?"

너무나도 해맑은 내 질문에 '주식타짜'의 눈물도 쏙 들어간 모양이다. 잠시 멍한 눈길로 나를 보더니 히죽 웃기까지 한다.

"미수 거래는 증권사에 예치해 놓은 현금이나 주식을 담보로 해서, 주식을 외상으로 살 수 있는 제도요."

"주식을 외상으로 산다고요? 그럼 외상값은 언제 갚는 거예요?"

"미수 거래의 법칙은 미수하고 3일 내에 반드시 돈을 갚아야 한다는 것!"

"만약 못 갚으면?"

"만약 돈을 못 갚으면 증권사가 해당 주식의 하한가 가격으로 계산해 갚아야 할 금액만큼 매도 수량을 정하고 반대매매를 해서 미수금을 거둬 간다네."

"그러다 손해를 보면 어쩌라고요?"

시종일관 울상을 짓던 '주식타짜'도 더 이상은 못 참겠다는 듯 테이블을 주먹으로 두 번 내리쳤다.

"그러니까 미수를 하지 말라는 것 아니오!"

'주식타짜'가 주식 거지가 되기까지의 내용인 즉은 이렇다.

때는 언제인지 정확히 알 수 없으나, 주식이 호황에 호황을 거듭하며 가파른 상승 행진을 이어가던 그때! 주식으로 승승장구하던 '주식타짜'는 결혼도 해야겠고 좀 더 큰 집도 사야겠고 이래저래 더 큰 욕심을 키워가고 있었단다.

솔직히 그 심정이 이해 안 되는 건 아니지만 그때 그 사건이

그를 패망의 길로 인도했으니 그건 바로 '미수 거래'였다.

높은 줄 모르고 치솟는 증시에 '주식타짜'는, 증권사 예치금과 보유 주식을 담보로 평가 금액의 2.5배만큼 미수를 결정했다.

'주식타짜'가 주식 세계에 발을 들여놓았던 초기에도, 그는 사실 미수 거래로 조금씩 재미를 봤고 재산도 늘렸기 때문에 걱정하지 않았다고 한다.

하지만 문제는 그 다음이었다. 무슨 운명의 장난인지 미수 거래를 하고 나서부터, 미국 나스닥의 불안 요인으로 주가가 폭락하기 시작했다. 하지만 걷잡을 수 없는 폭락에도 '주식타짜'는 당황하지 않았다.

이런 현상을 단순히 일시적인 것으로 보고 그는 때를 기다리기로 했지만, 그 다음 날 증시는 놀랄 만큼 가파른 경사의 하향 그래프를 그리며 걷잡을 수 없이 아래로 아래로 쿵 떨어졌다.

미수 금액의 결제일인 거래 3일째, 그는 주가 폭락으로 큰 손해를 보고 있었기에 차마 주식을 되팔 수도 없었다. 이런 상황에서 증권사는 미수금을 충당하기 위해 해당 주식을 몽땅 처분했고 남아 있는 미수금에 대한 연체 이자는 고스란히 '주식타짜'의 몫이 되었다고 한다. 여기까지가 눈물 없이는 차마 들을 수 없는 '주식타짜'의 최후다.

그러기에 과유불급이라는 말이 있다. 지나친 것은 모자란 것만 못한 법이다. 하루 앞도 내다볼 수 없는 주식시장에서 자기 능력 밖의 미수금까지 끌어들이는 건 패망의 지름길임을 명심하자.

도박보다 위험한 미수 거래

미수 거래란 증권사에 예치해 놓은 현금이나 주식을 담보로, 주식을 외상으로 살 수 있는 제도다. 단, 미수하고 3일 내에는 반드시 돈을 갚아야 한다. 돈을 갚지 못하면 증권사가 반대매매를 통해 미수금을 거둬가는데 이때 손해가 아주 크다.

주식은 과학이지만 미수는 도박이다!

당장 증권사에 전화해서 증거금 100%로 계좌를 설정하라!

(증거금율 100%일 때 미수 거래가 발생되지 않는다.)

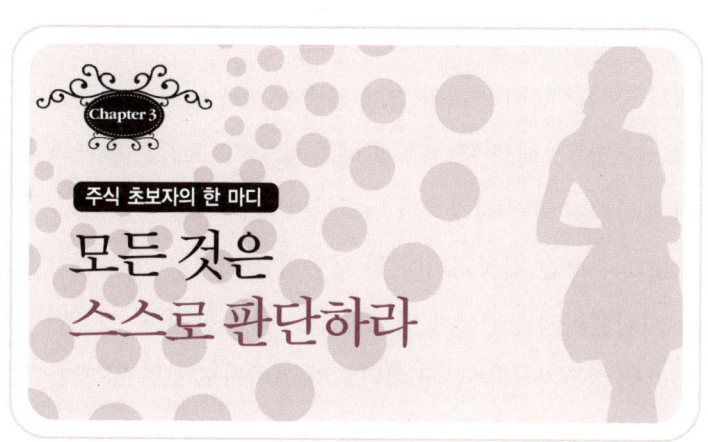

Chapter 3
주식 초보자의 한 마디
모든 것은
스스로 판단하라

사무실에 무거운 기운이 감돈다. 언젠가부터 팀장이 회의에도 들어오지 않고 노트북 앞에서 끙끙거리면서 시청률도 많이 떨어졌다.

"혹시 팀장, 죽을병에 걸린 게 아닐까? 생긴 건 그래도 눈빛 하나는 살아 있었는데 요즘은 퀭하니 안쓰러워 볼 수가 없더라."

"그러게, 일도 완전 설렁설렁 설렁탕이라 우리 팀 완전 찍힌 거 알지? 조만간 팀이 물갈이될 거라는 소문도 돌고 있어."

전염병보다 무섭다는 개편 증후군이 피디, 작가들의 입을 타고 우리 귀에도 들어왔다. 이 모든 것의 원죄는 팀장이다!

허구한 날, 14인치짜리 노트북 모니터만 들여다보며 사내에서 금지된 담배 연기와 함께 한숨을 푹푹 내쉬고 있는 대머리 노총각! 그래도 모니터 볼 때가 좋았지, 요즘은 출근과 동시에 사라져 퇴근 시간까지 나타나지 않을 때도 종종 있다.

도대체 무슨 걱정거리를 한 보따리 짊어지고 있는 건지 보는 사람들마저 불안하게 만드는 일도 벌써 한 달째. 아프면 병가라도 내든가, 여자한테 차였으면 선이라도 보면 될 것을 도대체 왜 그러는 걸까?

그 실체를 알게 된 것은 지난주, 타 방송국 〈김 피디 수첩〉에서 '개미 투자자 두 번 울리는 주식'을 방영하면서다. 주식으로 빚더미에 올라앉은 사람부터 주식에 미쳐 가족과 헤어지고 PC방에서 숙식을 해결한다는 사람에 이르기까지, 이제는 주식이 원수가 된 사람들이 출연했다.

주식에 대한 방송이라면 빠뜨리지 않고 챙겨보는 나, 신명지의 레이더망에 딱 걸린 저 얼굴! 평일 대낮에 주식 객장에서 전광판을 하염없이 바라보고 있는 저 퀭한 눈, 며칠째 면도를 하지 않아 까슬까슬한 턱선과 무엇보다도 빛나는 대머리가 모자이크 처리를 한 저 화면 속에서도 한눈에 팀장임을 알게 해주었다.

모자이크는 그 사람의 신상을 보호해 주는 수단이 아니었다. 단지 '나는 이제 어떻게 살아가야 하나' 시청자에게 하소

연하고 있는 것 같았다.

팀장의 왼쪽 팔에 있는 까만 점까지 선명하게 보여 주는 완전 평면 42인치 벽걸이형 LCD TV가 원망스러울 정도였다.

방송국엔 일대 혼란이 일었다. 팀장의 주식 예찬에 심취해 주식에 발을 들인 주식 초보자들이 나를 포함해 한 다스는 더 되는 것 같았다. 그들은 모두 팀장의 불행을 안타까워하며 모름지기 속으론 자신에겐 일어나선 안 되는 일이라고 빌고 또 빌었으리라.

하지만 한편에선 팀장을 비난하는 목소리도 높아졌다. 사적인 일로 회사에 막대한 악영향을 미치고 있다는 게 중론이었다. 팀장의 주식 차트와 비례하여 우리 팀의 시청률 그래프도 날로 곤두박질을 거듭했던 게 사실이니까.

그날부터 팀장의 입지는 점점 좁아졌고, 팀장 스스로도 우리를 대하는 것조차 부담스러워 했다. 그리고 닷새째 되는 날, 사장 및 임원진들은 긴급회의를 했고 팀장의 지방 파견이 결정되었다. 그것도 제작이 거의 없는 지역 방송국으로 말이다.

주식 예찬론자로 통했던 팀장, 하지만 실상은 그렇지 못했나 보다. 워낙에 조심성 많은 성격 때문인지 남들에게 주식을 권하면서도 자신은 막상 주식판에 뛰어들지 못하고 망설이다가 경제관념이 거의 제로에 가까웠던 내가 주식으로 수익을 얻기 시작했다고 하니 팀장도 갑작스레 주식에 대한 열의를 불태웠다고 한다. 따지고 보면 나도 팀장이 무너지는 데 한몫 했을지도 모르겠다.

어쨌든 뒤늦게 주식에 입문한 팀장, 특유의 조급증 때문에 아침에 출근해서 산 주식을 퇴근할 때 팔아 버려야 직성이 풀리는 타입이었다. 그래서 하루에 만 원을 벌 때도 있고 때론 5,000원쯤 손해를 볼 때도 있었다. 수익이 난 날은 우리에게 일찍 들어가라고 인심을 쓰고, 손해를 본 날은 장동건이나 심은하를 섭외하라고 히스테리를 부리기도 했었다.

그는 자존심 때문에 우리에게서 주식 정보를 들으려고도 하지 않았고, 수익은 불려 말하고 손해는 비밀에 부쳐 두기 일쑤였다. 문제는 주변의 주식 정보에 귀를 닫고 살다 보니 믿을 곳이라곤 그가 가입한 C동호회 회장의 쪽지뿐이었다고 한다.

팀장은 쪽지를 받으면 쪽지에 쓰인 대로 주식을 사고팔았다. N식품이 상승할 것으로 보인다고 하면 N식품을 샀고, Z전자가 내려간다고 하면 냉큼 Z전자 주식을 팔아 버렸다.

쪽지에는 오직 주식 종목과 예상 시세만 적혀 있을 뿐 '왜'라는 부분은 빠져 있었다. 그리고 이런 정보가 옳을 때도 있었고 그렇지 않을 때도 있었지만 그런 건 중요하지 않았다. 그저 주식 투자 3개월 만에 본전을 겨우 유지할 뿐이었다.

그러던 어느 날, 동호회 게시판에 익명의 글이 올라왔다. 제목도 '천기누설, 대박 정보!'였다고 하니 누군들 궁금하지 않았을까. 내용인 즉, I제약이 세계적인 기업으로 손꼽히는 K제약과 합병된다는 거다. 소문의 진원지는 '아는 사람의 아는 사람의 아는 사람이 I제약 대표이사인데 그가 직접 말한 믿을 만한 정보'라는 꼬리표를 달고 있었다.

그 글에는 100개가 넘는 리플이 달렸다. '확실한 거예요, 저도 들었어요', '집 담보 잡혔음, 인생은 한방이야', 'K제약과 합병이라면 20배 정도까지 수익이 날 것 같네요' 등등.

팀장은 대박을 꿈꿨다. 3개월 내내 해봐도 본전치기밖에 안 되는 주식 매매는 이제 신물이 났다. 20배, 그야말로 꿈의 수익률이다. 사실 2배라도 좋을 판에 20배라니 이대로 앉아서 좋은 기회를 날리기엔 차라리 혀를 깨물고 싶었을 것이다.

'그래, 나도 한 번 해보는 거야! 잘하면 이 지긋지긋한 섭외 전쟁과도 이별이야!'

팀장은 수중의 돈은 물론이거니와 퇴직금 중간 정산까지 신청해 도합 3억의 돈을 만들었다. 20배가 된다면 60억의 돈이 자기 것이 되는 것이었다. 아니 내친김에 집을 담보로 2억을 구한다면 꿈에도 그리던 100억대의 갑부가 될 수 있었다. 하지만 작년에 아파트로 이사 갔을 때 홀어머니가 그토록 기뻐하셨던 집이라 쉽게 저당 잡히지는 못했다고 한다.

그는 I제약에 일생일대 큰 모험을 걸었다. 3억이란 전 재산, 아니 미래의 자산까지 미리 당겨썼으니 그야말로 모험이었을 거다. 하지만 그로부터 일주일이 지나도록 K제약과의 합병 소식은 신문 기사 맨 끝 면에라도 실린 적이 없었다.

팀장은 불안해지기 시작했다. 게시판에 글을 올렸더니 동호회 회원들은 '정말 장하시네요, 저는 하고 싶어도 마누라 때문에 올인할 수 없었습니다', '이제 갑부가 되시겠네요, 부럽습니다'라는 용기를 북돋우는 댓글들로 가득했고 팀장은 그걸 보면서 불안한 마음을 진정시켰다고 한다.

그로부터 일주일 후, 재무구조가 약했던 I제약을 합병하겠다고 나서는 기업은 국내외 어디에도 없었고 I제약은 힘없이 무너졌다. 우리 팀장과 함께.

"내가 여러분 볼 면목이 없습니다. 주식이라면 아는 체를 그렇게 하더니 꼴좋다, 싶을지 모르지만 어쨌든 좋습니다. 다만 여러분은 나의 경우를 거울삼아 주식으로 인생 역전을 하겠다는 생각은 버렸으면 합니다. 우리 팀 모두 열심히 해줬는데 이렇게 헤어지게 돼서…… 마음이…….

끝내 말을 잇지 못하고 자리를 뜬 팀장, 몇 년을 앙숙처럼 아웅다웅했던 그였지만 눈물이 핑 돌았다. 나리도, 정 피디도 모두 슬퍼했다.

"명지 작가, 내가 늘 구박했지? 미안해."

이런 걸 개과천선이라고 하던가! 동호회 회원들의 말만 믿고 주식 대박을 꿈꿨던 순진한 팀장이 무슨 죄란 말인가.

그저 모든 판단은 자신의 손에 달렸다는 걸 몰랐던 것이 잘못이라면 잘못이다.

송별회를 마친 우리 팀원들은 입을 모아 외쳤다. '팔랑 귀가 살아남기에 주식의 세계는 너무 가혹하다'고!

나는 팀장의 뒷모습을 보며 피가 되고 살이 되는 주식 정보를 얻기 위해서는 안테나는 최대한 길게 뻗되 그 선택 버튼은 스스로 눌러야 한다는 것을 마음속에 되새겼다.

에필로그

내 인생의 터닝포인트, 주식으로 돈과 사랑, 자신감을 얻다!

주식의 바다를 항해한 지도 어언 6개월! 길다면 길고 짧다면 짧은 시간 동안 내 생활에는 예상치 못했던 변화가 많이 찾아왔다.

주식 투자 초기 비용과 추가 비용을 합쳐 500만 원으로 180만 원 이상의 순수익을 올렸으니, 나 신명지는 주식에 탁월한 재능이 있는 지도 모르겠다. 나의 주식 수익금 통장 4개에는 각각 45만 원의 수익이 차곡차곡 쌓여 가고 있다. 처음의 계획대로 명품, 가족, 그리고 남자 친구, 여기에다 손익 재분배를 위한 예비비까지 각각의 용도에 따라 철저히 관리한 것이다.

즉 나도 바야흐로 주식판에 뱁새가 아닌 황새처럼 꽤 큰 걸음을 뗀 셈이다.

나는 명품 통장에 소복하게 쌓인 수익금을 인출해 구찌 매장으로 향했다. 6개월 동안 주식을 잘 관리해온 나 자신에게 주는 선물이니까 받을 만한 자격이 충분히 있다고 생각한다.

매장 한가운데 눈길을 사로잡는 크림색 신상 원피스! 내가 그토록 입고 싶어 했던 것이지만 내가 이곳에 온 이유는 아쉽게도 원피스 때문이 아니라 올해부터 새로 쓸 럭셔리한 주식 다이어리가 필요했기 때문이다. 여직원이 원피스도 잘 어울릴 것 같다며 유혹했지만 나는 다이어리만 사들고 미련 없이 매장을 나왔다. 내 원래 계획으로는 명품 통장에 모인 돈으로 구찌 신상 백을 사려고 했으나 사실 나에게는 이미 명품 백이 충분하다.

진짜 명품족은 꼭 필요한 명품만 사는 사람이다. 그런 뜻에서 나는 '진짜' 명품족이 되어 가고 있다. 그리고 아직 남자 친구를 위한 통장은 주인 없이 살만 쪄간다.

여의도에 도착하자마자 마침 정 피디에게서 전화가 온다. 함께 선지해장국을 먹을 사람이 없어서 그러니 같이 먹어 달라는 거다. '같이 먹고 싶어서'라고 말하면 누가 잡아가나, 너무 솔직한 것도 탈이다.

'징그러워서 선지 못 먹는데'라는 말을 하거나 말 것을, 또

한 그릇 뚝딱 해치워 버렸다. 이런 내 모습을 물끄러미 바라보던 정 피디는 불쑥 반지를 내민다.

솔직히 선지해장국집은 프러포즈를 하기에 낭만적인 장소는 아니었지만, 상대는 6개월 동안 내가 열렬히 짝사랑하던 정 피디다. 그가 좋아하는 행운의 작가가 바로 나라니, 감격스런 마음에 눈물이 뚝 떨어진다. 주책이다.

우리는 올여름 휴가에 함께 발리로 여행을 떠나기로 했다. 이제야 미래의 남자 친구를 위해 키워오던 통장이 쓸모를 찾게 된 것이다.

주식은 내게 많은 걸 가져다주었다. 돈, 남자, 그리고 자신감까지! 그러니 주식이야말로 내 인생의 은인이다. 하지만 잊지 말자, 주식은 결코 만만한 상대가 아니라는 것을. 언제든 내가 방심하는 틈을 타, 나를 KO시키려 들지도 모른다.

하지만 걱정은 마라, 나 또한 만만한 상대는 아니니까! 주식 흐름에 순응하고 멀리 내다보고 한발 한발 내딛다 보면 '저 사람은 억세게 주식운이 있어'라는 말을 듣게 될 것이다.

자고로 꿈은 크게, 주식은 높게, 사랑은 진하게 하라고 했다. 내년 크리스마스 즈음엔 명품으로 치장하고 사랑하는 정 피디의 어깨에 기대어 파리 샹젤리제 거리를 걸어 볼까 한다. 물론 주식으로 번 돈으로 말이다!

알아 두면 좋을 주식 용어 10

갈아타기
더 빨리 가는 노선을 발견했다면 지하철을 갈아타는 건 기본! 갈아타기란 한 마디로 주식의 종목 교체를 말하며 보유하고 있는 종목보다 상승 잠재력이 높은 종목을 발견했다면 보유 주식을 매도하고 그 주식으로 바꾸는 것을 말합니다. 단, 잘못 갈아타면 엉뚱한 곳에 내리게 되듯 주식의 갈아타기도 시장의 흐름(노선)을 꼼꼼히 파악하고 유리한 시점(정류장)을 찾아내는 것이 중요하겠죠?

감자
고구마 사촌이라고 생각한다면 노노, 주식 공부 다시 하셔야겠네. 감자란, 회사의 자본금을 줄인다는 의미! 기업이 규모를 줄이거나 누적된 손실을 회계상으로 처리하기 위해 주식 수를 줄이거나 주식 금액을 줄이는 거랍니다.

증자
증자란, 감자와 반대되는 뜻으로 주식을 발행해 회사의 자본금을 증가시키는 것입니다. 새로 발행한 주식을 돈을 받고 팔 때는 '유상증자'라고 하고 공짜로 나눠줄 때는 '무상증자'라고 합니다.

공시
증권가에 떠도는 루머로 된통 바가지를 쓴 경험, 한 번쯤 있으시죠? 공시란, 증권거래소를 통해 기업이 공식적으로 해당 기업의 주가에 영향을 줄 만한 정보를 투자자들에게 발표하는 것이므로 믿을 수가 있답니다. 믿을 만한 정보를 얻기 위해서는 증권거래소에서 발표하는 공시에 귀를 기울이세요.

깡통 계좌

작년에 왔던 각설이도 싫어하는 깡통이 바로 깡통 계좌라고 하는데 들어 보셨나요? 깡통 계좌란, 신용거래로 주식을 샀다가 투자한 회사가 망하면 증권회사에 빚만 남겨진 계좌를 말한대요. 금나리 가라사대, 이런 계좌를 '담보 부족 계좌'라고도 한답니다.

물타기

야심차게 끓인 라면이 짜면 어떻게 하세요? 요리왕 신명지는 이렇게 말합니다. '짜면 물을 타라!' 주식도 라면 끓이기와 같습니다. 일단 사둔 주식이 심하게 떨어졌을 때는 주식에 물을 타듯 추가 매수을 통해 평균 단가를 낮추어 손해를 줄이는 것을 '물타기'라고 합니다.

선물거래

농산물 중간상들이 출하 시기보다 한참 앞서 미리 가격을 정해 '밭떼기'로 사놓고 출하 때 그 가격에 농산물을 넘겨받는 '밭떼기 거래'를 들어 보셨나요? 주식도 이와 유사한 거래 방식이 있습니다. 이름하여 '선물거래' 라고 하는데 미래의 특정 시점에 수량·규격이 표준화된 상품이나 금융 자산을 특정 가격에 인수할 것을 약정하는 거래입니다. 크리스마스에 주고받는 선물이 아니라는 것, 기억하세요.

작전주

주식을 할 때, 절대 속지 말아야 할 것이 바로 작전주! 작전주란, 증권 브로커나 큰손들이 공모해서 특정 기업의 주식을 매수해 주가를 폭등시켜 시세가 좋을 때 되팔아 이익을 챙기는 주식 종목인데요. 이때 주가가 오르는 것을 보고 얼떨결에 매수한 개미 투자자들은 작전 세력들이 손을 털고나가면 큰 손해를 입게 되니 조심해야 합니다.

PER(Price Earnings Ratio, 주가수익비율)

주식 종목을 고를 때 저평가된 주식을 찾으려면 PER를 확인하세요. PER란, 주가를 한 주당 순이익으로 나눈 값으로 주가가 주당 순이익의 몇 배인가를 나타내는 지표입니다. PER가 높다는 것은 순이익에 비해 주가가 높고 또한 배당 여력이 적다는 뜻이고, 반대로 PER가 낮다는 것은 순이익에 비해 주가가 상대적으로 낮고 배당에 여유가 있다는 뜻이라네요.

PBR(Price Bookvalue Ratio, 주가순자산비율)

PER와 함께 저평가된 주식을 찾는 방법으로는 PBR이 있습니다. PBR은, 주가를 한 주당 순자산으로 나눈 값으로 여기서 순자산이란 총자산액에서 부채액을 뺀 것으로 자기 자본액을 말합니다. PBR 수치가 낮을수록 주가는 상대적으로 저평가되어 있다고 볼 수 있죠.

주식으로 프라다를 입는 노하우

연애보다 짜릿한 주식투자

초판 1쇄 발행 2009년 6월 25일
초판 2쇄 발행 2009년 8월 31일

지은이 정윤경·이효은
감　수 김형환
펴낸이 신원영
펴낸곳 (주)신원문화사

편　집 김준균 장민정 김진희
디자인 송효영 김기현
영　업 이정민 임헌
총　무 양은선 김희자 김은진 정하영 정설화
관　리 조경화
경영지원 윤석원

주　소 서울시 강서구 등촌1동 636-25
전　화 3664-2131~4
팩　스 3664-2130
출판등록 1976년 9월 16일 제5-68호

* 파본은 본사나 서점에서 교환해 드립니다.

ISBN 978-89-359-1491-3 03320